O Recurso de Agravo
**COMO MEIO DE IMPUGNAÇÃO DAS DECISÕES
INTERLOCUTÓRIAS DE PRIMEIRO GRAU**

P397r Peña, Eduardo Chemale Selistre
       O recurso de agravo como meio de impugnação das decisões interlocutórias de primeiro grau / Eduardo Chemale Selistre Peña. – Porto Alegre: Livraria do Advogado Editora, 2008.
       144 p.; 23 cm.
       ISBN 978-85-7348-535-6

       1. Agravo de instrumento. 2. Agravo retido. 3. Decisão interlocutória. 4. Recurso – Processo civil. I. Título.

       CDU – 347.958

       Índices para o catálogo sistemático:
       Recurso – processo civil
       Decisão interlocutória
       Agravo de instrumento
       Agravo retido

(Bibliotecária responsável: Marta Roberto, CRB-10/652)

Eduardo Chemale Selistre Peña

O Recurso de Agravo

COMO MEIO DE IMPUGNAÇÃO DAS DECISÕES INTERLOCUTÓRIAS DE PRIMEIRO GRAU

Porto Alegre, 2008

© Eduardo Chemale Selistre Peña, 2008

Capa, projeto gráfico e diagramação
Livraria do Advogado Editora

Revisão
Rosane Marques Borba

Direitos desta edição reservados por
Livraria do Advogado Editora Ltda.
Rua Riachuelo, 1338
90010-273 Porto Alegre RS
Fone/fax: 0800-51-7522
editora@livrariadoadvogado.com.br
www.doadvogado.com.br

Impresso no Brasil / Printed in Brazil

Aos meus pais, que tanto amo, Roberto e Vânia, inegavelmente co-responsáveis pela realização do trabalho, seja pelo empréstimo da carga genética, seja pelo alcance de todos os meios espirituais e materiais necessários para a formação da minha personalidade.

Agradecimentos

À minha amada Isabel da Costa Franco Santos, companheira de todos os momentos e constante incentivadora.

Ao meu irmão, Ricardo Chemale Selistre Peña, mestre do processo civil e advogado de admirável talento, a quem devo meus primeiros contatos com o mundo jurídico.

À Andréa Chemale Selistre Peña, minha querida irmã, pelo incondicional amor.

Aos Professores Araken de Assis e José Maria Rosa Tesheiner, homens de inalcançável sabedoria e cultura, por terem me guiado nesta campanha e, acima de tudo, pelo incentivo e amizade.

À Desembargadora Marilene Bonzanini Bernardi, magistrada modelar, de extraordinário conhecimento jurídico e peculiar bom-senso, pelos sete anos de lições diárias de direito.

Aos meus colegas de Gabinete, pelo constante apoio e estímulo.

Ao meu colega e amigo Rafael Lima Fortuna, promissor processualista, pelas valiosas sugestões.

Lista de abreviaturas e siglas

AI	Agravo de Instrumento
AgRg	Agravo Regimental
AJURIS	Associação dos Juízes do Rio Grande do Sul
art.	artigo
arts.	artigos
Bol. AASP	Boletim da Associação dos Advogados de São Paulo
CRFB	Constituição da República Federativa do Brasil
CETJRS	Centro de Estudos do Tribunal de Justiça do Rio Grande do Sul
cf.	conforme
CGP	*Código General del Proceso* (do Uruguai)
CPC	Código de Processo Civil
Des.	Desembargador
DJU	Diário de Justiça da União
EC	Emenda Constitucional
Ed.	Editora
IX ETAB	Nono Encontro dos Tribunais de Alçada do Brasil
j.	julgado
JTJ	Jurisprudência do Tribunal de Justiça (do Estado de São Paulo)
LC	Lei Complementar
LEC	*Lei de Enjuiciamento Civil* (da Espanha)
Min.	Ministro
MS	Mandado de Segurança
n.	número
NCPC	*Nouveau Code de Procédure Civile* (da França)
p.	página
RE	Recurso Extraordinário
Rel.	Relator/Relatora
REsp	Recurso Especial
RePro	Revista de Processo
RT	Revista dos Tribunais
RTJ	Revista Trimestral de Jurisprudência (STF)
RTJE	Revista Trimestral de Jurisprudência dos Estados

RSTJ	Revista do Superior Tribunal de Justiça
ss.	seguintes
STF	Supremo Tribunal Federal
STJ	Superior Tribunal de Justiça
TRF	Tribunal Regional Federal
v.g.	*verbi gratia*
vol.	Volume
ZPO	*Zivilprozessordung* (da Alemanha)

Observação: Os artigos citados sem especificação da lei correspondente pertencem ao Código de Processo Civil do Brasil.

Prefácio

O agravo foi criação do gênio jurídico português no Reinado de D. Afonso IV (1325-1357). Em tal conjuntura histórica, impôs-se no Reino de Portugal a orientação do direito romano, oposta à do direito canônico, proibindo a apelação em separado contra as decisões interlocutórias, salvo quando dotadas de caráter terminativo – hoje, identificaríamos tal provimento com as hipóteses de extinção do processo sem julgamento do mérito, arroladas no art. 267 – ou provocassem mal irreparável. Também se permitiu que o juiz revogasse as sentenças interlocutórias proferidas, assegurando-se ao vencido, todavia, recurso através de "estormento" tirado pelo escrivão.

Logo se percebe que o recurso de agravo, desde suas origens mais remotas, serviu ao nobre propósito de não retardar a marcha dos feitos com sucessivas apelações contra provimentos de menor relevo, preparatórios do desfecho do processo, e que a cada passo, talvez por tempo indeterminado, postergavam o julgamento do mérito. Entre nós, o Império e a República recepcionaram o agravo em diversos e heterogêneos diplomas legislativos; porém, o respectivo cabimento sofreu, comparando os dois Códigos unitários de 1939 e 1973, notável transformação.

Enquanto no primeiro CPC unitário (1939) o agravo cabia contra decisões predeterminadas, quer na modalidade de agravo de instrumento, quer na de agravo no auto do processo – a terceira espécie, o agravo de petição, dirigia-se contra sentenças –, motivo por que certas decisões restavam irrecorríveis. Ao invés, o CPC de 1973 adotou diretriz oposta, tornando recorríveis todas as interlocutórias. Criado o terreno propício, o agravo só não proliferou, porque os seus trâmites – a formação do instrumento – na origem eram dispendiosos e demorados. Por isso mesmo, não se revelava adequado às situações de urgência, ou seja, às decisões que provocassem no espírito do vencido o receio de lesão grave e de difícil reparação. Esta necessidade era recoberta, sob a vigência do CPC de 1939, por intermédio do mandado de segurança. Para acabar com o uso desse sucedâneo, a reforma de 1995 resolveu facilitar o agravo, permitindo sua interposição diretamente no Tribunal e, correlatamente, atribuindo ao advogado da parte o elevado ônus de formar o instrumento, juntando peças hábeis. Essa última novidade, inicialmente gabada como promissora, logo se mostrou fonte de amargas desilusões. Não são poucos os agravos não conhecidos por deficiências (reais ou hipotéticas) na formação do instrumento. E a última reforma, evidenciando a falta de uma diretriz segura e uniforme, tão-só reagiu à quantidade, buscando, inutilmente, transformar a modalidade retida do agravo em regra, a subida imediata, exceção. O legislador olvidou a lição da história. A subida imediata integra a genética do agravo. O recurso nasceu e se desenvolveu para obter reexame imediato das interlocutórias mistas – decisões que, a exemplo de uma liminar, provocam o receio de dano.

A esta altura, não há dúvida de que o arranjo legislativo é malfeito. Nada obstante, Eduardo Chemale Selistre Peña debruçou-se sobre o instituto, para esmiuçar-lhe os domínios de aplicação, e produziu louvado trabalho acadêmico. É esta obra, agora editada pela Livraria do Advogado, que me apraz apresentar aos leitores, seguro que nela encontrarão soluções para os mais diversos problemas práticos.

Araken de Assis

Professor Titular da PUC/RS
Doutor em Direito pela PUC/SP
Desembargador do TJRS

Sumário

Introdução 15

1. Raízes históricas do recurso de agravo 17
   1.1. Direito romano: a *appellatio* e a *supplicatio* 17
   1.2. Origem do agravo no direito português 21
   1.3. A evolução histórica do recurso de agravo no direito brasileiro 25

2. A impugnação das interlocutórias no direito comparado 31
   2.1. Direito português 31
   2.2. Direito alemão 34
   2.3. Direito francês 36
   2.4. Direito espanhol 37
   2.5. Direito uruguaio 40
   2.6. Direito mexicano 41

3. A irrecorribilidade em separado das decisões interlocutórias no Processo Civil brasileiro 45
   3.1. Recorribilidade das decisões interlocutórias de primeiro grau no Código de Processo Civil brasileiro: o agravo 48

4. Juízo de admissibilidade 51
   4.1. Requisitos intrínsecos 54
      4.1.1. Cabimento 54
      4.1.2. Legitimação para recorrer 58
      4.1.3. Interesse para recorrer 59
      4.1.4. Inexistência de fato impeditivo ou extintivo do poder de recorrer .. 61
   4.2. Requisitos extrínsecos 62
      4.2.1. Tempestividade 63

  4.2.2. Regularidade formal 67
  4.2.3. Preparo 72
5. Agravo retido 77
 5.1. Procedimento do recurso de agravo retido 79
 5.2. Agravo retido oral 83
6. Agravo de instrumento 85
 6.1. Procedimento do recurso de agravo de instrumento 86
 6.2. Efeitos do agravo de instrumento 94
 6.3. Conversão do agravo de instrumento em agravo retido 102
 6.4. Negativa de seguimento e provimento de plano do agravo de
   instrumento 110
7. Agravo interno 117
 7.1. Procedimento 119
 Considerações finais 123
 Referências 139

Introdução

O recurso de agravo, malgrado tenha suas raízes mais remotas fincadas no período da *extraordinaria cognitio* do direito romano e subsista com o mesmo *nomen iuris* desde as Ordenações Afonsinas (que vigeram entre os anos de 1446 e 1514), demonstrou ao longo do tempo aptidão ímpar para mutações no âmbito de seu cabimento e procedimento.

No Brasil, desde o seu ingresso com as Ordenações Filipinas, até os dias atuais, a vida do recurso de agravo não foi menos instável. Conservou a sua propensão de ser alvo de constantes reformas, quiçá em razão de manter-se continuamente no centro dos debates em torno da tão ambicionada celeridade da jurisdição.

Seriam desnecessários outros motivos para tornar qualquer instituto estimulante tema de pesquisa doutrinária e jurisprudencial e atraente assunto para um trabalho acadêmico.

O agravo de instrumento, entretanto, tem outras peculiaridades que fazem seu estudo ainda mais interessante: a) é instituto genuinamente luso-brasileiro, não se encontrando perfeita similitude entre ele e os recursos alienígenas que tenham traços comuns;[1] b) é recurso verdadeiramente arraigado em nossa cultura jurídica, prova disto é o fato de que nunca vingaram as propostas de extingui-lo,[2] mesmo quando amparadas nos melhores exemplos do direito comparado, que mostram ser perfeitamente possível a sobrevivência

---

[1] NORONHA, Carlos Silveira. *Do agravo de instrumento*. Rio de Janeiro: Forense, 1976. p. 49.

[2] Como, *v.g.*, a preconizada por Francisco Peçanha Martins em conferência proferida no Fórum de Debates Sobre a Modernização do Direito, realizado em nov. de 2000 em Balneário Camburiú – SC, publicada posteriormente: MARTINS, Francisco Peçanha. Proposta para nova sistemática para recursos. *Revista do CEJ – Centro de Estudos Judiciários*, Brasília, v. 13, p. 20-30, 2001.

sem um recurso com tal amplitude e dinâmica para impugnar as decisões interlocutórias; c) é via recursal amplamente utilizado na prática forense, em todas as suas modalidades.

O agravo, por todas essas razões, é instituto que merece sempre perspicaz atenção e que reclama constantes revisões, porquanto, embora tenha sido objeto de excelentes monografias, a velocidade com que se transforma não permite o repouso da doutrina.

Tais motivos nos moveram a compor a presente dissertação, que tem como escopo o estudo minucioso de todas as peculiaridades que cercam o agravo enquanto recurso cabível para impugnar as decisões interlocutórias proferidas em primeiro grau de jurisdição.[3]

E para atingir o desiderato do presente trabalho, não poderíamos nos furtar de pesquisar as raízes históricas do recurso de agravo e nem de fazer uma incursão pelo direito comparado. Necessário, ainda, situar o leitor na legislação vigente, bem como examinar os requisitos de admissibilidade intrínsecos e extrínsecos do recurso. Por fim, essencial deter-se em cada uma das modalidades do recurso de agravo miradas, ou seja, as formas retidas e de instrumento, passando-se a dissecar seus procedimentos, julgamentos e efeitos, nunca deixando de abordar os aspectos polêmicos.

Com tal estudo, humildemente e dentro das nossas limitações, esperamos auxiliar os estudantes na compreensão do recurso de agravo e cooperar com os operadores do direito na eliminação de dúvidas que surjam na prática forense.

Alcançado este desígnio, estará afirmada a contribuição deste trabalho para a academia, e poderemos nos sentir compensados do esforço despendido para realizá-lo.

---

[3] Não há pretensão, desta forma, de se estudar outras modalidades de agravo, que não aquelas previstas nos arts. 522 e seguintes do CPC. Entretanto, diante da inegável correlação que mantém com o tema, dispensou-se diferenciada atenção à espécie de agravo tratada no § 1º do art. 557 do mesmo diploma.

1. Raízes históricas do recurso de agravo

A nem sempre amena compreensão do Direito Processual e de seus institutos fica facilitada quando se busca pesquisar a sua evolução histórica a partir de suas mais remotas origens.

No que concerne aos recursos, então, isto pode ser afirmado com maior veemência. Olvidando do exame das fontes em que deita suas raízes, é improvável que algum instituto recursal possa ser devidamente entendido em sua evolução.[4]

E a compreensão da sua trajetória ao longo do tempo depende de que se apure quando se deu o seu surgimento, em que circunstâncias histórico-sociais, e qual o primeiro diploma legal que o consagrou, servindo de fundamento para a posterior construção dogmática de sua figura e de sua conceituação teórica.[5]

1.1. Direito romano: a *appellatio* e a *supplicatio*

Não seria exato, em tema de investigação de institutos ligados à família romano-germânica, deixar de examinar o sistema romano. Aliás, na ordenação romana é que se encontra a primeira acepção da palavra *agravo*, lá representada pelo vocábulo *gravamen*. Também no direito romano se identifica o instituto recursal que é tido como a gênese do agravo: a *supplicatio*.[6]

---

[4] COSTA, Moacyr Lobo da. Origem do agravo no auto do processo. *Revista de Processo – RePro*, São Paulo, v. 5, p. 90, 1997.

[5] Ibid., p. 89-100.

[6] NORONHA, Carlos Silveira. O agravo na história do processo português como gravame e como recurso. *Revista de Processo – RePro*, São Paulo, n. 78, p. 65-66, 1995.

A idéia de recurso, nos primeiros tempos, em que se tinha uma visão ainda muito embrionária de justiça, com plena influência religiosa, não era sequer cogitada. O juiz era considerado uma extensão da divindade, tendo, portanto, como característica a infalibilidade.[7]

Apenas no transcurso da história romana, com o processo se tornando laico,[8] é que se passa a identificar o surgimento de recursos com as características e conotações dos dias atuais.[9]

A história do direito romano é dividida em três fases (nem sempre fáceis de serem distinguidas), que são denominadas: a) período da *legis actiones* (de 754 a.C. até cerca de 149 a.C.), b) período do processo formulário (de 149 a.C. até 209 d.C.) e c) período da *extraordinaria cognitio* (de 209 d.C. até 568 d.C.).[10]

O período da *legis actiones* – que teve início antes das Doze Tábuas e se prolongou durante toda a Monarquia, República, e parte do Império – assim como o período formulário – que perdurou até o Século III da Era Cristã – foram marcados, principalmente, pela existência de um procedimento que se dividia em duas instâncias de um mesmo grau. A primeira, chamada de *iure*, instalada perante o magistrado, e a segunda, denominada de *in iudicio*, aparelhada perante o juiz, árbitro ou jurado.

O processo, assim, dividia-se em duas fases: por primeiro, as partes compareciam diante do magistrado – a princípio o rei, depois o pretor ou o cônsul –, que examinava se o direito estava previsto em lei expressa – *nulla legis actio sine lege* – ou se estava conforme o espírito mais amplo desta tutela. Em caso positivo, a instância era organizada, e as partes firmavam o chamado contrato de *litis contestatio*, onde escolhiam um *iudex* para decidir, podendo ocorrer que o próprio magistrado submetesse o nome de um, ou mesmo de vários, com livre preferência dos interessados. As partes se com-

---

[7] COUTURE, Eduardo J. *Fundamentos del derecho procesal civil*. 4. ed. Montevideo: Ed. B de F, 2004. p. 284.
[8] Ibid., loc cit.
[9] JORGE, Flávio Cheim Jorge. *Apelação cível:* teoria geral e admissibilidade. São Paulo: Revista dos Tribunais, 1999. p. 20.
[10] CUENCA, Humberto. *Proceso civil romano*. Buenos Aires: Jurídicas Europa-América, p. 12, 1957. No mesmo sentido: WAMBIER, Teresa Arruda Alvim. *O novo regime do agravo*. 2. ed. São Paulo: RT, 1996a. p. 18.

prometiam, outrossim, a manter o litígio até o final e a acatar a sentença do juiz eleito.[11]

Findava a atividade do pretor, desta forma, com a sua decisão acerca da remessa ou não do feito para o *iudex*. Contra essa decisão do pretor não cabia recurso algum, porquanto não se tratava propriamente de um julgamento.[12]

Na segunda fase, o *iudex*, como cidadão romano, normalmente eleito pelas partes, proferia a sentença. Limitava-se a pronunciar se procedia ou não a pretensão do autor.[13] A decisão era definitiva, porque provinda de sua condição de cidadão romano, assim como as partes, descabendo, por tal razão, qualquer recurso.[14]

Devido, justamente, à ausência de uma hierarquia, apesar de existirem remédios contra esses julgados,[15] é que não se concebia, nesses dois períodos, qualquer instituto com característica recursal.

Tão-somente com a implantação da *cognitio extra ordinem* – quando então já superados os períodos da *legis actiones* e do processo formulário –, o direito romano passou a admitir a figura da *appellatio*, como o recurso genérico,[16] a ser examinado por juiz hierarquicamente superior,[17] com o fim de reparar os *gravamines* ou prejuízos aos direitos do vencido, impostos pela *sententia judicis*. Deveu-se isso ao fato de que no período da *extraordinaria cognitio* o processo deixou de ser um acordo de litigantes para se converter em função

---

[11] AZEVEDO, Luiz Carlos de. *Origem e introdução da apelação no direito lusitano*. São Paulo: Fieo, 1976. p. 39-40.

[12] JORGE, op cit., p. 21.

[13] Conforme esclarece Moacyr Lobo da Costa, "[...] é sabido que o processo no período formulário, se resolvia com a interrogação posta ao Juiz: 'Si paret condemnato, si non paret absolvito", e, como escreveu Luigi Raggi, nos rígidos termos desta alternativa se exauria a decisão do Juiz (*Studi Sulle Impugnazioni Civile nel Processo Romano*, Milão, 1961, I/153)" (COSTA, Moacyr Lobo da. O agravo no direito lusitano. *Revista da Ajuris*, Porto Alegre, v. 31, p. 157-180, 1984).

[14] AZEVEDO, op cit., p. 41.

[15] Como, por exemplo, o instituto da *restitution in integrum*, que, consoante explicam José Rogério Cruz e Tucci e Luiz Carlos de Azevedo, tinha o escopo de repor as partes em sua situação anterior, bem como desfazer a lesão resultante da estrita aplicação das normas do direito civil romano (TUCCI, José Rogério Cruz e; AZEVEDO, Luiz Carlos de. *Lições de história do processo civil romano*. São Paulo: RT, p. 119, 1996).

[16] NORONHA, op cit., p. 64-84.

[17] CUENCA, op cit., p. 15.

de caráter público, emanado do Estado.[18] O procedimento passa a ser unificado, desenvolvido até o final perante funcionários e juízes estatais, aos quais se transfere a plenitude da jurisdição.[19]

O cenário passou, então, a ser apto à admissão de um recurso, já que passaram a existir juízes de diferentes hierarquias. Surgiu, assim, ao que se sabe na época de Augusto,[20] a apelação como o meio hábil para atacar e reformar a sentença formalmente válida.[21] Inicialmente, cabia ao Imperador o exame da apelação. Contudo, em razão do acúmulo de recursos, tal tarefa passou a ser delegada ao Senado e a um círculo de jurisconsultos, verdadeiro tribunal, do qual participavam o questor do palácio e o prefeito do pretório. Este, se destacava como representante do imperador, como juiz da apelação.

Entre os estudiosos do direito romano há controvérsia, entretanto, acerca do cabimento ou não da *appelattio* para impugnar também, além da sentença (*sententia*) definitiva – ato pelo qual o juiz decidia a questão de fundo – as resoluções judiciais incidentes, chamadas *interlocutiones*.[22]

O certo é que nem todos os *gravamines* produzidos pela *sententia* podiam ser impugnados por meio da *appellatio*.[23] No período justinianeu, não era permitido o uso da *appellatio* para atacar decisões proferidas por dignitários do Estado que se colocavam na mais alta hierarquia da função judiciária. Essas autoridades, como o Senado do Príncipe, seu Delegado, o Prefeito do Pretório, e o Procurador do Sacro Palácio, infundiam em suas decisões a presunção de verdade e

---

[18] CUENCA, op cit., p.15.
[19] JORGE, op cit., p. 22.
[20] NORONHA, op cit., 64-84.
[21] JORGE, op cit., p. 23.
[22] Defendem o descabimento da *appellatio* para impugnar a sentença interlocutória: CHIOVENDA, Giuseppe. *Ensayos de derecho procesal civil*. Buenos Aires: EJEA, 1949, p. 223-254 e BUZAID, Alfredo. *Do agravo de petição no sistema do código de processo civil*. 2. ed. São Paulo: Saraiva, 1956, p. 19-20; NORONHA, Carlos Silveira. *Do agravo de instrumento*. Rio de Janeiro: Forense, 1976. p. 24. De outro lado, afirmando a admissibilidade da *apellatio* para atacar a sentença interlocutória: BIONDO BIONDI. *Studi in onore di P. Bonfante*. Milano: Giuffrè, 1964. v. 4, p. 34 e ss. e também COSTA, 1984, p. 157-180, que refere: "[...] parece que o recurso contra as *interlocutiones* teria sido admitido ao tempo dos Severos, tendo em vista dois fragmentos que se referem a questão, um de Scevola, pouco anterior àquele período, e outro de Macer, próprio daquele período".
[23] NORONHA, 1995, p. 64-84.

de justiça, razão pela qual a legislação romana atribuía a esses julgamentos os caracteres de irrecorribilidade e definitividade, não sendo lícito, às partes deles apelar.[24]

Não combinava, contudo, tal proibição de recorrer com o apurado senso de justiça dos romanos. Assim, aos poucos foram sendo inventados mecanismos, senão de revogar, pelo menos de abrandar o rigor e a severidade de certas decisões proferidas pelas mais altas autoridades judiciárias. Criou-se, desta forma, a *supplicatio*, providência paralela pela qual, sem se pôr em dúvida a justiça do julgado, antes a confessando, a parte prejudicada pedia ao governante que novamente conhecesse da causa para amenizar seus efeitos.[25]

A *supplicatio* é, desta forma, o antecedente remoto do agravo, porquanto constituiu fonte da primitiva "sopricação", que por sua vez originou o agravo ordinário previsto no Código Manuelino,[26] como se verá a seguir (*infra*, 1.2).

1.2. Origem do agravo no direito português

Anteriormente ao século XIII, o processo em Portugal ainda seguia a tradição germânica, porquanto era público, essencialmente oral e formalista. Neste período, desta forma, pouca contribuição traz ao estudo do processo civil.

A partir do reinado de D. Afonso III (1248 a 1279) – monarca que, após a expulsão dos árabes da Península Ibérica, iniciou reformas com o intuito de reorganizar a justiça e o processo[27] –, os atos legislativos de Portugal adquiriram importância para o estudo do processo civil. É nessa época que a legislação geral do reino tende a

---

[24] NORONHA, 1976, p. 13.
[25] Ibid., loc cit.
[26] TUCCI, José Rogério Cruz e. *Jurisdição e poder*. São Paulo: Saraiva, 1987. p. 41-104. Pontes de Miranda também faz referência ao fato de o agravo ordinário das Ordenações Manuelinas ser originário da *supplicatio* romana e a ela similar (MIRANDA, Francisco Cavalcanti Pontes de. *Comentários ao código de processo civil*. Rio de Janeiro: Forense, 1975. t. 7, p. 271).
[27] WAMBIER, Teresa Arruda Alvim. *Os agravos no CPC brasileiro*. 3. ed. São Paulo: Revista dos Tribunais, 2000. p. 27.

se desenvolver, em perfeita harmonia com a nova fase em que entrava a organização política do país, no sentido da supremacia do poder real.[28]

No século XIII, conheciam-se duas espécies de sentença: a definitiva, que era aquela capaz de dar fim a todo o pleito da demanda principal, e a interlocutória, aquela que não era dada sobre a demanda principal, mas sobre questões que surgissem no curso do feito.[29]

Entretanto, ambas as espécies de sentença (definitiva e interlocutória) eram impugnáveis pelo único recurso até então previsto no sistema: a apelação.[30]

Com a reformulação do direito, todavia, passaram a receber algum destaque vários institutos do processo civil português,[31] particularmente, formas diversas de impugnação das decisões judiciais, que não a apelação.[32]

Havia no sistema lusitano, nessa época, determinadas decisões irrecorríveis. Assim como sucedia no Direito Romano (*retro*, 1.1), sentenças prolatadas por determinadas autoridades de preeminente dignidade, que ocupavam as mais elevadas cadeiras dos tribunais lusitanos, não eram passíveis de impugnação pela apelação. Isso ocorria, por exemplo, com as sentenças proferidas pelos juízes das Relações, pelos Corregedores da Corte e da cidade de Lisboa, pelos juízes da Índia e Minas e pelos Conservadores dos estrangeiros.[33]

Com o intuito de reparar ou abrandar as injustiças que poderiam advir da irrecorribilidade de tais sentenças, a praxe portuguesa, imitando o precedente romano, passou a admitir uma súplica do

---

[28] COSTA, 1984, p. 157-180.
[29] BUZAID, op cit., p. 29-30.
[30] Ibid., p. 30. A Lei de D. Afonso que previa a apelação, presumivelmente votada em 1254 ou em 1261, tinha o seguinte teor: "se alguem quysser appelar da sentença que seia contra el dada defenitiva que intralocutorya, qualquer que seia, apele lougo ca tal quero que seia custume de meu rreyno e atá IX dyas peça ao juiz ou aos juízes as rrazões e o juiz e o agravo em escrito e denlho pelo tabellyon ou per outro scrivão se aver [...]" (cf. Ibid., p. 29-30. No mesmo sentido: NORONHA, 1976, p. 12).
[31] Conforme ressalta Paulo Merêa, são principalmente notáveis as leis em que se estabeleceram regras de processo, "sobre a ordem do juízo", que, em conjunto, constituem como que o primeiro Código de Processo português (MERÊA, Paulo. *Lições de história do direito português*. Coimbra, [s.n.], 1933. p. 121).
[32] NORONHA, 1976, p. 11.
[33] Ibid., loc cit.

vencido, dirigida à Casa de Suplicação, que se chamou *suplicação* ou *sopricação*, conforme a grafia da época.[34]

O costume acolhido pelos tribunais recebeu, dentro de pouco tempo, a sanção legal, e um novo recurso passou a integrar o sistema lusitano.[35] Em razão dos termos utilizados pela lei,[36] a "sopricação" passou a denominar-se *agravo ordinário*, que, a partir de então, foi tido como o recurso específico para impugnar as sentenças definitivas inapeláveis dos Sobre-Juízes.[37]

Foi este o primeiro recurso de agravo a surgir no direito de Portugal, não se sabendo, com exatidão, o momento em que o recurso passou a constar nas leis do reino.[38]

Desta forma, no sistema das Ordenações Afonsinas (1446-1514), passaram a estar previstos dois recursos: a apelação – admissível contra as sentenças definitivas dos juízes ordinários – e o agravo ordinário – cabível contra as sentenças definitivas proferidas pelos Sobre-Juízes,[39] Ouvidores, ou o Corregedor da Corte, nas causas de sua competência privativa, em razão das pessoas ou em razão da matéria.[40]

De outro lado, para impugnar as sentenças interlocutórias simples, que se tornaram inapeláveis a partir da lei de D. Afonso IV, o meio era a *querimonia* ou *querima*, que nada mais era do que uma queixa ao rei mediante instrumento escrito. Desta forma, não se tratava propriamente de um recurso, mas de um sucedâneo recursal. Por sua vez, contra as interlocutórias proferidas pelos Sobre-Juízes, Ouvidores ou o Corregedor da Corte, nas causas de sua competência privativa, era admissível a *informação* ao Regedor do Rei, remédio que muito se assemelhava à *querima*.[41]

---

[34] COSTA, 1984, p. 157-180. Assim também: NORONHA, 1976, p. 14.

[35] NORONHA, 1976, p. 14.

[36] Mencionava a lei, que era de autoria de D. Pedro, *o Justiceiro*: "Manda el Rey, que quaesquer que quizerem agravar pera elle das Sentenças que os seus Sobre-Juízes derem, que esses Sobre-Juízes lhes dem os aggravos, e que esses aggravos venham a elle pera os livrar como direito for..." (Af., Livro III, Título 109, n. 1, conforme: COSTA, 1984, p. 157-180).

[37] Ibid., loc. cit.

[38] NORONHA, 1976, p. 14.

[39] Figura equivalente a dos desembargadores no direito pátrio vigente, ou seja, com atuação no segundo grau de jurisdição.

[40] COSTA, 1997, p. 89-100.

[41] Ibid., p. 89-100

Nas Ordenações Manuelinas – publicadas inicialmente em 1514 (e posteriormente em 1521, revisadas) e que vigeram até 1603 – amplia-se o sistema recursal com a introdução do agravo[42] como recurso próprio para impugnar a sentença interlocutória simples, com as qualificações que o distinguiam em agravo "de petição", de "instrumento" e "nos autos".[43] A antiga *querima* verbal passa a ser formalizada no *estormento d'agravo,* que, no regime das novas Ordenações promulgadas por D. Manuel (O Venturoso) se transforma no recurso do agravo que seria de petição se os juízes superiores estivessem no mesmo lugar onde estivesse o inferior, e de instrumento quando a distância fosse maior que cinco léguas.[44]

Por sua vez, o agravo no auto do processo, que teve como embrião a primitiva "informação" dada ao Regedor do Rei, utilizada nas Ordenações Afonsinas, era reservado não só para atacar as decisões interlocutórias simples dos juízes inferiores que recebiam a apelação, como também para impugnar as decisões dos Sobre-Juízes que recebiam o agravo ordinário e que não eram passíveis de impugnação por meio do agravo de petição, ou seja, aquelas de menor relevância.[45]

Na vigência das Ordenações Filipinas, mantiveram-se os agravos de instrumento e de petição para impugnar as interlocutórias simples e algumas interlocutórias mistas, distinguindo-se a hipótese de recurso pelo simples critério territorial. Ademais, os casos de cabimento destas espécies recursais estavam indicados por meio de enumeração casuística.[46]

---

[42] Verificou-se, assim, na dicção de Noronha, "[...] uma sintonia nominal perfeita, gramaticalmente chamada homografia, mas semanticamente diversa entre o vocábulo 'agravo' como causa e a entidade que dela resulta como recurso e com idêntica denominação" (NORONHA, 1995, p. 75).

[43] Observa, entretanto, Noronha, que não são estas espécies exatamente contemporâneas, tendo, em verdade, sido inicialmente criado o agravo de instrumento e só posteriormente teria surgido o agravo de petição como resultado da prática daquele, e por conveniências procedimentais ditadas pela celeridade na solução final e segurança dos autos em razão das distâncias (Ibid.). Lobo Da Costa, de outro lado, ressalta que o agravo no auto do processo só teria surgido com a publicação revisada das Ordenações Manuelinas, em 1521 (COSTA, 1997, p. 89-100).

[44] COSTA, 1997, p. 89-100.

[45] Assim: Ibid., loc cit.; NORONHA, 1995, p. 64-84.

[46] NORONHA, 1976, p. 28-29.

O sistema adotado pela Codificação Filipina manteve-se em Portugal até 1832, quando o Decreto n. 24, reduzindo os recursos das sentenças definitivas à apelação e à revista, e o das interlocutórias ao agravo no auto do processo, eliminou o agravo de instrumento.[47]

O recurso de agravo de instrumento, contudo, reapareceu no ordenamento português em 1836, com o Decreto de 29 de novembro, reforçado pelo Decreto de 13 de janeiro 1837.[48]

Com o Código de Processo Civil de 1876, eliminou-se definitivamente o agravo de instrumento, restando mantidos os agravos de petição e no auto do processo. Por fim, o Decreto n. 12.353, de 22 de setembro 1926, reduziu a espécie recursal a uma só forma, sem denominação própria.[49]

O atual Código de Processo Civil português ainda prevê o recurso de agravo, contudo limita o seu cabimento (assim como o do recurso de apelação) a valores superiores à alçada do tribunal de cuja decisão se recorre, salvo algumas exceções expressas (art. 6.780). O agravo, porém, não sobe imediatamente à instância superior, a não ser nos casos taxativamente enumerados no art. 734°. Fora deles, o agravo sobe junto com a apelação ou outro recurso, que após ele, haja de subir à instância recursal (art. 735°). O agravo de instrumento, portanto, é exceção. A regra é o agravo retido, ou de "subida diferida", na linguagem lusitana.[50]

1.3. A evolução histórica do recurso de agravo no direito brasileiro

Ao tempo da Proclamação da Independência do Brasil, em setembro de 1822, vigiam, ainda em Portugal, as Ordenações Filipinas,

---

[47] NORONHA, 1976, p. 29.
[48] Ibid., loc cit.
[49] Ibid., p. 30.
[50] THEODORO JÚNIOR, Humberto. *O problema da recorribilidade das interlocutórias no processo civil brasileiro.* [S.l.: s.n, 200-]. Disponível em <http://www.americajuridica.com.br>. Acesso em: 3 abr. 2006.

com previsão de cinco espécies de agravos: ordinário, de ordenação não guardada, de instrumento, de petição, e no auto do processo.[51]

Com a Independência em relação a Portugal, veio a necessidade de estabelecer no Brasil um corpo de leis próprias. Com tal intuito, o Imperador instalou, a 3 de maio de 1823, uma Assembléia Constituinte e Legislativa. Contudo, cientes de que a elaboração do conjunto de leis que regulariam o Brasil deveria demandar algum tempo, os legisladores revigoraram as leis portuguesas antes vigentes. Ingressaram, assim, no direito pátrio, as cinco espécies de recurso de agravo previstas nas Ordenações Filipinas.[52]

Em 29 de novembro de 1832, foi promulgado o Código de Processo Criminal do Império, que trouxe em seu bojo, como título à parte, a "Disposição Provisória Acerca da Administração da Justiça Civil".[53] Tal lei revogou expressamente a legislação portuguesa e deu início ao "primeiro período do direito processual brasileiro".[54]

O pioneiro regramento processual nacional eliminou as modalidades de agravo ordinário, agravo de instrumento, e de petição, sendo que os dois últimos foram reduzidos ao agravo no auto do processo.

Anos depois, contudo, ao ser reformulado o sistema recursal pátrio por meio da Lei 261/1841, restabelecidos foram os agravos de instrumento e de petição, restando mantido o agravo no auto do processo e excluído o agravo de ordenação não guardada.[55]

No direito posterior, que passou pela promulgação do Regulamento 737/1850, pela Consolidação das Leis Sobre o Processo Civil de 1876, bem como pelas primeiras leis republicadas após a promulgação da Constituição em 1891, a história segue a descrever uma intensa instabilidade do agravo, que ora tinha uma espécie abolida, ora restaurada, verificando-se também constantes variações nos respectivos âmbitos de cabimento.

---

[51] NORONHA, 1976, p. 33.
[52] Ibid., p. 35.
[53] TUCCI, op cit., p. 188.
[54] COSTA, Moacyr Lobo da. *Breve notícia histórica do direito processual civil brasileiro e de sua literatura.* São Paulo: Revista dos Tribunais, 1970. p. 5-6.
[55] NORONHA, 1976, p. 36.

Ao tempo das codificações estaduais (promulgadas entre os anos de 1905 – Regulamento Processual Civil e Comercial do Estado do Pará – e 1930 – Código de Processo Civil e Comercial da Paraíba), subsistiam o agravo de petição e o de instrumento, delimitados os terrenos de um e de outro, em regra, de acordo com critérios casuísticos.[56]

O Código de 1939 ressuscitou o agravo no auto do processo, contemplando ao seu lado, como espécies nominadas, o agravo de instrumento e o de petição.[57]

A sistemática recursal, neste período, *grosso modo*, era a seguinte: a) cabível era a apelação de todas as sentenças que definissem o mérito da causa, ou seja, das sentenças definitivas; b) admissível o recurso de agravo de petição das sentenças que não resolvessem a lide (terminativas na terminologia da época); c) contra determinadas decisões interlocutórias (e excepcionalmente definitivas), arroladas expressamente no Código ou em leis extravagantes, interponível o agravo de instrumento, e, em alguns outros casos, o agravo no auto do processo; e d) irrecorríveis eram as demais decisões e despachos.[58]

Em 1973, entrou em vigência o novo Código de Processo Civil, alterando novamente o sistema recursal. Com ele, restaram extintos o agravo de petição, o agravo no auto do processo e os embargos infringentes em relação às decisões de primeira instância. Por sua vez, foram criados o recurso adesivo e o agravo retido.

A sistemática recursal foi simplificada. A apelação passou a ser o recurso idôneo para impugnar as sentenças (tanto as definitivas como as extintivas). O agravo, em suas duas formas, retido ou por instrumento, tornou-se o meio apto para atacar todas as decisões interlocutórias. Os despachos de mero expediente mantiveram-se irrecorríveis.

Assim, no Código de 1973, restaram previstas duas modalidades de agravo para impugnar as decisões interlocutórias proferidas em primeiro grau: por instrumento, e retido nos autos. Embora no

---

[56] MOREIRA, José Carlos Barbosa. *Comentários ao código de processo civil*. 8. ed. Rio de Janeiro: Forense, 1999a. v. 5, p. 478.
[57] Ibid., loc cit.
[58] WAMBIER, 1996a, p. 46, 58-59 e 62.

anteprojeto Buzaid, bem como no projeto definitivo, constasse, unicamente, o agravo de instrumento, quando da tramitação deste no Congresso Nacional, reintroduziu-se, ainda que sem o antigo nome, a figura do agravo no auto do processo, por meio de emenda aditiva, de que resultaram os primitivos §§ 1º e 2º do art. 522.[59]

No ano de 1995, por intermédio da Lei n. 9.139 de 30 de novembro, foi implementada substancial reforma na estrutura e na disciplina procedimental do agravo de instrumento, objetivando imprimir-lhe maior celeridade e evitar o manejo pouco adequado do mandado de segurança para coibir danos irreparáveis ou de difícil reparação.

O agravo de instrumento, que na sistemática originariamente prevista pelo Código de 1973 era interposto perante o juízo recorrido e percorria verdadeira *via sacra* até chegar ao órgão *ad quem*, do que resultava quase sempre a perda do seu objeto,[60] desde então passou a ser apresentado diretamente no tribunal competente para julgá-lo, sob inteira responsabilidade do agravante, e não mais do escrivão, como determinava a antiga redação do art. 525, ganhando, assim, em agilidade.[61]

De outro lado, o relator teve seus poderes ampliados, podendo atribuir efeito suspensivo ao recurso em todas as hipóteses em que verificar risco de dano de difícil reparação, desde que relevante à fundamentação do recorrente. Assim, logrou-se esvaziar o uso do mandado de segurança contra ato judicial.[62]

Nova alteração ocorreu por meio da Lei n. 9.756, de 17 de dezembro de 1998, que ampliou os poderes do relator, autorizando-lhe, em determinados casos, a singularmente, negar seguimento ao recurso, bem como a dar provimento, adentrando em seu mérito.[63]

Em nova tentativa de diminuir o número de julgamentos de agravos de instrumento, no ano de 2001, editou o legislador a Lei n. 10.352, que deu ao relator a possibilidade de converter o agravo de instrumento em agravo retido quando não tratasse a decisão

---

[59] MOREIRA, op cit., p. 478.
[60] ALVIM, J. E. Carreira. *Novo agravo*. 5. ed. Rio de Janeiro: Forense, 2003a. p. 93.
[61] SALLES, José Carlos de Moraes. *Recurso de agravo*. 2. ed. São Paulo: Revista dos Tribunais, 1999. p. 9-10.
[62] Como se verá adiante, no item 6.2.
[63] Como se verá adiante, no item 6.4.

guerreada de questão urgente ou que representasse perigo de lesão grave e de difícil ou incerta reparação.

O insucesso da alteração[64] levou o legislador a promulgar a Lei 11.187, de 19 de outubro de 2005, que tornou o agravo retido o meio adequado para atacar as decisões interlocutórias, restringindo o cabimento do agravo de instrumento à impugnação das decisões interlocutórias suscetíveis de causar à parte lesão grave e de difícil reparação, além daquelas que decidirem pela inadmissão da apelação ou acerca dos efeitos do seu recebimento.[65]

---

[64] Como mencionou Amaral, "Não era preciso bola de cristal para prever que, se haveria redução nos julgamentos dos colegiados de agravos de instrumento, esta seria ínfima, não atingindo o escopo principal da reforma, qual seja o de 'desafogar' os tribunais e extirpar o uso indevido do referido recurso." (AMARAL, Guilherme Rizzo. *O agravo de instrumento na Lei 11.187/05 e as recentes decisões do Tribunal de Justiça do Estado do Rio Grande do Sul:* um alerta necessário. [S.l.: s.n, 200-]. Disponível em: <http://www.tex.pro.br>. Acesso em: 7 abr. 2006).
[65] Como se verá adiante, nos itens 5 e 6.

2. A impugnação das interlocutórias no direito comparado

O agravo, em suas características fundamentais, como têm demonstrado as pesquisas reveladas pela doutrina, é recurso peculiar ao direito luso-brasileiro.[66]

No direito estrangeiro, de forma geral, não se encontram recursos com similar potencialidade de obter a reforma das decisões proferidas no curso do processo, acerca de questões incidentes. Com efeito, os códigos modernos, em regra, não conferem recorribilidade às decisões interlocutórias da forma ampla com que o faz o CPC brasileiro.[67]

Não obstante, imprescindível se faz, ao se estudar o recurso de agravo, averiguar as opções adotadas pelo legislador estrangeiro para a impugnação das decisões interlocutórias.

O conhecimento das soluções dadas pelos ordenamentos alienígenas contribui para a formação da visão crítica que não se pode dispensar quando se pretende examinar os nossos institutos.

2.1. Direito português

O Código de Processo Civil português prevê, em seu art. 676, 2, os seguintes recursos: a) apelação; b) revista; c) agravo; d) revisão e e) oposição de terceiro.

---

[66] Assim: CARNEIRO, Athos Gusmão. *O novo recurso de agravo e outros estudos*. 4. ed. Rio de Janeiro, Forense: 1998. p. 13; MACEDO, Elaine Harzheim. Cláusula de lesão grave e de difícil reparação no agravo de instrumento. *Revista da AJURIS*, Porto Alegre, n. 101, p. 97-110, 2006; NORONHA, 1976, p. 65-66.
[67] THEODORO JÚNIOR, op cit.

Os três primeiros são classificados, pelo mesmo artigo 676 do CPC, como recursos ordinários, enquanto os restantes são ditos recursos extraordinários.

A distinção entre as classes leva em conta a ocorrência, ou não, do trânsito em julgado da sentença. Enquanto os recursos ordinários são aqueles admissíveis contra decisões que ainda não transitaram em julgado, os extraordinários são reservados para impugnar decisões que já tenham transitado em julgado.[68]

A apelação, consoante estabelece o art. 691 do CPC, em seus números 1 e 2, é admissível para impugnar a sentença final e o despacho saneador que conheçam do mérito da causa, bem como a sentença e o despacho saneador que "julguem da procedência ou improcedência de alguma excepção peremptória decidem do mérito da causa".

O recurso de revista, consoante estatui o art. 721, 1, do CPC, é cabível em relação ao acórdão que decida o mérito da causa e tenha como fundamento específico, nos termos do art, 721, 2, do CPC, a violação da Lei substantiva (normas e princípios de direito internacional geral ou comum e as disposições genéricas, de caráter substantivo, emanadas dos órgãos de soberania, nacionais ou estrangeiros, além das constantes em convenções ou tratados internacionais – art. 721, 3, CPC).

A revisão assemelha-se a nossa ação rescisória, sendo admissível para atacar a decisão transitada em julgado, em casos especiais (art. 771 do CPC).

A oposição é reservada para as hipóteses em que a decisão, após o trânsito em julgado, prejudicar terceiro (art. 778 do CPC).

O agravo, por sua vez, conforme o art. 733 do CPC, cabe das decisões suscetíveis de recurso de que não se pode apelar. O exame do cabimento ou não do recurso de agravo, destarte, é feito por exclusão.

Todavia, não é, em todos os casos, fácil identificar o cabimento de um ou outro recurso. Primeiro porque nem sempre é tarefa tranqüila discernir o que é, ou não, "julgamento de mérito", de forma que há neste ponto muita divergência doutrinária e jurisprudencial.

---

[68] MENDES, Armindo Ribeiro. *Recursos em processo civil*. Lisboa: Lex, 1992. p. 21.

Além disso, como também ocorre no Brasil, existem leis especificando a recorribilidade de determinada decisão pelo recurso que, teoricamente, conforme a regra geral, não seria o adequado, o que auxilia em muito para o surgimento de polêmicas e dúvidas.[69]

A doutrina portuguesa, levando em conta as possibilidades de procedimento do agravo, propõe dividi-lo em quatro espécies: a) agravos que sobem imediatamente e nos próprios autos; b) agravos que sobem diferidamente e nos próprios autos; c) agravos que sobem imediatamente e em separado e, d) agravos que sobem diferidamente e em separado.[70]

O modo de subida, utilizado para elaborar a classificação acima mencionada, determina, outrossim, os efeitos dos recursos. A subida nos próprios autos, nos termos do art. 740 do CPC, conduzirá ao efeito suspensivo. A subida em separado determina a atribuição de efeito apenas devolutivo ao recurso.

E, conforme o art. 736 do CPC, sobem nos próprios autos os agravos interpostos das decisões que ponham termo ao processo no tribunal recorrido ou suspendam a instância, e aqueles que apenas sobem com os recursos dessas decisões.

Por sua vez, suspendem os efeitos da decisão recorrida, consoante estatui o número 2 do art. 740 do CPC, além daqueles mencionados no número 1 do mesmo artigo: a) os agravos interpostos de despachos que tenham aplicado multas; b) os agravos de despachos que hajam condenado no cumprimento de obrigação pecuniária, garantida por depósito ou caução; c) os agravos de decisões que tenham ordenado o cancelamento de qualquer registro; d) os agravos a que o juiz fixar esse efeito (quando demonstrado pelo agravante a existência de perigo de prejuízo irreparável ou de difícil reparação, consoante art. 740, 3, do CPC); e) todos os demais a que a lei atribuir expressamente o mesmo efeito.

A subida imediata ou diferida será determinada pela relevância, ou não, da questão recorrida. Nos termos do art. 734 do CPC sobem imediatamente os agravos interpostos: a) da decisão que ponha termo ao processo; b) do despacho pelo qual o juiz se declare impedido ou indefira o impedimento oposto por alguma das partes;

---

[69] MENDES, op cit., 220-221.
[70] Ibid., p. 235.

c) do despacho que aprecie a competência absoluta do tribunal; d) dos despachos proferidos depois da decisão final.

Sobem, também, imediatamente os agravos cuja retenção os tornaria absolutamente inúteis (art. 734, 2, CPC).

Como se vê, no sistema português, em regra, o agravo tem subida diferida, ou seja, somente será remetido ao tribunal conjuntamente com o primeiro recurso que para lá for encaminhado, e efeito apenas devolutivo. Apenas em casos especiais, o agravo terá subida imediata e efeito suspensivo.

De outro lado, os agravos serão remetidos nos próprios autos quando interpostos de decisões que coloquem termo ao processo ou suspendam a instância, bem como aqueles que apenas subam com o recurso destas decisões (art. 736). Os demais, serão encaminhados em autos separados (art. 737).

O prazo de interposição do agravo é de dez dias. O recurso deve ser encaminhado ao próprio juiz prolator da decisão combatida. Após o recebimento (admissão) do recurso, o agravante terá o prazo de quinze dias para a apresentação das razões recursais (art. 743, I, CPC). Prazo idêntico é concedido ao agravado para apresentar contra-razões.

Posteriormente, serão os autos conclusos ao juiz para possível retratação ou manutenção da decisão. Sendo mantida a decisão, o magistrado poderá mandar juntar ao feito as certidões que entenda necessárias, devendo, em seguida, serem os autos remetidos ao Tribunal.

2.2. Direito alemão

No Código de Processo Civil da Alemanha, a ZPO (*Zivilprozessordung*), estão previstos os seguintes recursos: apelação (*Berufung*), revisão (*Revision*) e a queixa (*Beschwerde*).

A apelação, recurso admissível contra as sentenças definitivas,[71] após a reforma da ZPO de 2002, se transformou em um meio

---

[71] SCHÖNKE, Adolfo. *Derecho procesal civil*. Barcelona: Bosch Casa Editorial, 1950. p. 299.

de controle de falhas da inferior instância, à medida que as detecta e determina a correção. Com isso, a apelação deixa de ser uma segunda instância de controle de fatos, convertendo-se, prioritariamente, em instância para controle do direito e só excepcionalmente para reexame de fatos.[72]

A revisão é também recurso cabível contra as sentenças definitivas,[73] porém àquelas que foram proferidas pelos tribunais de alçada,[74] cabendo o julgamento ao Superior Tribunal de Justiça (*BGH*). A admissibilidade, contudo, a exemplo do que sucede com a apelação, é realizada pelo próprio tribunal de alçada que proferiu a decisão.

A impugnação das decisões interlocutórias, por sua vez, se dá por meio da interposição do recurso de queixa ou reclamação (*Beschwerde*), previsto no § 567, 1ª parte, da ZPO.

O recurso é admissível contra todas as decisões interlocutórias proferidas na primeira instância nos tribunais da comarca (AG), ou nos tribunais estaduais (LG).[75]

A sua interposição pode se dar, a opção do recorrente, ou diante do juiz singular, prolator da decisão, ou diretamente no tribunal de queixa, consoante § 569, 1ª parte, 1ª oração, da ZPO.

De acordo com o § 569, 2ª oração, da ZPO, a petição do recurso de queixa deve conter somente a declaração de impugnação da decisão combatida, sem nenhuma formalidade adicional. Não se faz necessário que haja fundamentação do recurso, nos termos do § 572, 1ª parte, da ZPO.

O tribunal de queixa deve decidir, em primeiro lugar, acerca da admissibilidade ou não do recurso. Em caso positivo, o tribunal deve passar a examinar o mérito.

O resultado pode ser: reenviar a causa ao juiz singular para que profira nova decisão, ou o pronunciamento de decisão substitutiva pelo próprio tribunal em colegiado.

---

[72] RAGONE, Alvaro J. D. Pérez. El nuevo proceso civil alemán: principios y modificaciones al sistema recursivo. *GENESIS – Revista de Direito Processual Civil*, Curitiba, n. 32, p. 357-384, abr./jun. 2004.
[73] SCHÖNKE, op cit., p. 299.
[74] RAGONE, op cit., p. 357-384.
[75] Ibid., loc cit.

Inegavelmente, como já assinalou a doutrina,[76] há acentuada semelhança entre o agravo de instrumento do direito pátrio, com a *Beschwerde* do direito alemão.

2.3. Direito francês

A doutrina francesa costuma dividir os recursos em ordinários e extraordinários.[77] A distinção leva em consideração dois aspectos: a) o cabimento do recurso e; b) o efeito do recurso sobre a execução da decisão. Em regra, os recursos extraordinários são admissíveis apenas em casos especificados pela lei, enquanto os ordinários são cabíveis sempre que a lei não os vede expressamente. De outro lado, os recursos ordinários costumam deter efeito suspensivo da decisão impugnada; os extraordinários, ao revés, não constituem, de regra, obstáculo à execução da decisão contestada.[78]

Dentre os recursos ordinários, considerando o NCPC,[79] se incluem: *l'opposition* e *l'appel*. No grupo dos recursos extraordinários alocam-se: *le pourvoi, la tierce opposition e le recours en révison*.[80]

Nenhum destes meios recursais, contudo, apresenta semelhança com o agravo de instrumento. Na realidade, em França não há recurso generalizado para decisões interlocutórias. Em princípio, estas se apresentam irrecorríveis.

O recurso que pode conduzir uma decisão interlocutória ao reexame pela segunda instância é a apelação (*l'appel*),[81] que é a via

---

[76] FRANZÉ, Luís Henrique Barbante. *O agravo frente aos pronunciamentos de primeiro grau no processo civil*. Curitiba: Juruá, 2002. p. 94.

[77] Tal divisão já era sugerida por GARSONNET, E.; BRU, Ch. Cézar. *Traité théorique et pratique de procedure civile et commerciale*. 3. ed. Paris: Récuell Sirey, 1915. v. 6, p. 3-5; mas permanece sendo reafirmada pela moderna doutrina, como por: STAES, Olivier. *Droit judiciaire privé*, Paris: Ellipses, 2006. p. 208-209.

[78] STAES, op cit., p. 208-209.

[79] No CPC revogado encontravam-se os mesmos recursos ordinários; porém os extraordinários eram: *la requête civile, le pourvoi en cassation* e *la prise à partie* (GARSONNET; BRU, 1915, v. 6, p. 3-5).

[80] STAES, op cit., p. 208-209.

[81] MOREL, René. *Traité élementaire de procédure civile*. 2. ed. Paris: Recueil Sirey, 1949. p. 483-484.

recursal do direito comum disponível, genericamente, para a impugnação das decisões de primeiro grau,[82] seja sob a alegação de *error in judicando* como de *error in procedendo*.[83]

Há, contudo, exceções: somente cabe apelação em relação a decisões que, embora apreciando questões processuais, hajam igualmente decidido "uma parte do principal", entendendo-se como principal, também, "as condições da ação" e as "exceções oponíveis".

Admissível, ainda, consoante art. 544 da NCPC[84], a apelação quando, ao decidir-se "parte do principal" ordena-se uma medida de instrução, ou uma medida provisória. As demais interlocutórias, nos termos do art. 545 do NCPC, não podem ser atacadas pela apelação, independentemente de julgamento do mérito, a não ser que exista alguma previsão especial na lei.[85]

2.4. Direito espanhol

Em Espanha, os atos processuais do juiz, consoante estabelece a nova Lei de *Enjuiciamento Civil*, de 2000, em seu art. 206, 1, podem ser: a) providências; b) *autos* e; c) sentenças.

Consoante estabelece o mesmo artigo, em seu item 2, 1ª parte, proferir-se-á providência quando a resolução não se limite à aplicação de normas de impulso processual, mas se refira às questões processuais que requeiram uma decisão judicial, seja por estabelecer a lei ou por afetar direito das partes, sempre que em tais casos não se exija expressamente a forma de *auto*.

---

[82] "Art. 543. La voie de l'appel est ouvert en toutes matières, meme gracieuses, contre les jugements de première instance s'il n'en est autrement dispose".
[83] STAES, op cit., p. 215.
[84] "Art. 544. Les jugements qui tranchent dans leur dispositif une partied du principal et ordonnent une mesure d'instruction ou une mesure proviso ire peuvent être immédiatement frappes d'appel comme les jugements qui tranchent tout le principal. Il en est de meme lorsque le jugement qui statue sur une exception de procedure, une fin de non-recevoir ou tout autre incident met fin à l'instance".
[85] "Art. 545. Les autres jugements ne peuvent être frappes d'appel indépendamment des jugements sur le fund, que dans les cas specifies par la loi".

De outro lado, nos termos do art. 206, 2, 2ª, da LEC, proferir-se-ão *autos* quando se decidam recursos contra providências, quando se resolva sobre admissão ou inadmissão de demanda, reconvenção e cumulação de ações, sobre pressupostos processuais, admissão ou inadmissão de prova, homologação judicial de transações e conciliações, anotações e inscrições registrais, medidas cautelares, nulidade ou validade de atos e quaisquer questões incidentes, tenham ou não garantida nesta lei de tramitação especial.

Também tomarão a forma de *auto*, as resoluções que ponham fim aos atos de uma instância ou recurso antes de concluída a sua tramitação ordinária.

Por último, proferir-se-á sentença, nos termos do item 2, 3ª parte, do art. 206 da LEC, para colocar fim ao processo, em primeira ou segunda instância, quando haja concluído a sua tramitação ordinária prevista em lei. Também se resolverão mediante sentença os recursos extraordinários e os procedimentos para a revisão de sentenças firmes.

Na Lei de *Enjuiciamento Civil* estão previstas as seguintes espécies recursais: a) reposição (*reposición)*; b) apelação (*apelación*); c) extraordinário por infração processual (*extraordinario por infracción procesal*); d) cassação (*casación*) e; e) queixa (*queja*).

Entretanto, apenas duas destas modalidades de recurso são aptas a impugnar as decisões interlocutórias proferidas em primeira instância: a apelação (*apelación*) e a reposição (*reposición*).

A reposição caracteriza-se por ser um recurso a ser conhecido e julgado no mesmo grau de jurisdição em que foi proferida a decisão impugnada.[86] Está regulada nos arts. 451 a 454 da LEC e é o recurso cabível para impugnar a totalidade das providências e autos não definitivos. Com efeito, menciona o art. 451[87] que contra todas as pro-

---

[86] GUASP, Jaime; ARAGONES, Pedro. *Derecho procesal civil*. 6. ed. Navarra: Thomson Civitas, 2004. v. 7, p. 433.

[87] O artigo tem a seguinte redação: "Art. 451 Resoluciones recurribles. Inexistencia de efectos suspensivos. Contra todas las providencias y autos no definitivos dictados por cualquier tribunal civil cabrá recurso de reposición ante el mismo tribunal que dictó la resolución recurrida, sin perjuicio del cual se llevará a efecto lo acordado". Dispõe a LEC: "Artículo 455. Resoluciones recurribles en apelación. Competencia y tramitación preferente. 1. Las sentencias dictadas en toda clase de juicio, los autos definitivos y aquéllos otros que la ley expresamente señale, serán apelables en el plazo de cinco días".

vidências e autos não definitivos ditados por qualquer tribunal civil, caberá recurso de reposição para o mesmo tribunal que proferiu a decisão recorrida,[88] sem prejuízo de que se leve a efeito o decidido.

A reposição deverá ser interposta no prazo de cinco dias, devendo o recorrente, em suas razões, expressar a infração em que incorreu o juízo recorrido. A não-observância de tais requisitos levará a inadmissão do recurso (art. 452 da LEC). Admitido o recurso, conceder-se-á à parte adversa o prazo de cinco dias para, querendo, impugná-lo (art. 453, 1, da LEC). Transcorrido o prazo, com ou sem a apresentação da impugnação, o tribunal, sem mais trâmites, resolverá o recurso mediante *auto*, em um prazo de cinco dias. Esta decisão é irrecorrível (art. 454 da LEC).

A apelação é o *processo de impugnação* em que se pretende a eliminação e substituição de uma resolução judicial pelo superior imediato hierárquico daquele que proferiu a decisão impugnada.[89] É cabível para impugnar as sentenças proferidas por qualquer juízo, os *autos* definitivos e aqueles outros que a lei expressamente mencione (art. 453, LEC).

Deve ser preparada (apresentada por um simples escrito) no prazo de cinco dias no tribunal que proferiu a decisão impugnada (art. 457, LEC). Depois de verificada a sua tempestividade, e verificado o seu cabimento, será aberto prazo de vinte dias para a apresentação das razões (art. 458, 1, da LEC). Posteriormente abrir-se-á prazo de dez dias para apresentação de impugnação pela parte apelada (art. 461,1, da LEC). Cumpridas tais providências, será o recurso remetido ao tribunal competente para o seu julgamento (art. 463 da LEC).

A competência para o exame do recurso de apelação dependerá de qual for o juiz prolator da decisão. Será do julgador de primeira instância a competência para o julgamento da apelação quando a decisão for proferida por um Juiz de Paz. De outro lado, tendo sido

---

[88] Conforme Guasp e Aragones *reposição* é também o nome genérico para denominar todos os recursos dirigidos a própria instância que proferiu a decisão impugnada. De outro lado, a denominação *apelação* serve abrange todas as impugnações levadas ao grau superior daquele que proferiu a decisão combatida (GUASP; ARAGONES, op cit., p. 415).
[89] Ibid., loc cit.

a resolução ditada por um juiz de primeira instância, competirá o julgamento à "Audiência Provincial".[90]

2.5. Direito uruguaio

No vizinho Uruguai, consoante estabelece o art. 195 do CGP (*Código General del Proceso*), as resoluções judiciais são de três espécies: providências de trâmite – também chamadas de meramente interlocutórias ou decretos de sustação –, sentenças interlocutórias e sentenças definitivas.

As providências de trâmite, meramente interlocutórias, ou de simples sustação, têm por objeto propender o impulso processual.[91] Representam elas exercício da função jurisdicional, mas estão configuradas, em relação às sentenças, em uma situação de meio e fim. Não são sentenças, porque carecem de conteúdo decisório, mas possibilitam a decisão enquanto propiciam o impulso e o desenvolvimento do processo.[92]

Sentenças interlocutórias são aquelas proferidas no curso do processo e que decidem questões incidentes.

As sentenças interlocutórias são todas aquelas que têm conteúdo decisório, mas não sobre o principal, não sobre o objeto do litígio, e sim sobre uma questão conexa ou vinculada com o principal.[93] São resoluções proferidas em meio ao debate, que vão depurando o juízo de todas as questões acessórias, desembaraçando-o de obstáculos que impediriam uma sentença sobre o fundo.[94] Assim, as sentenças interlocutórias decidem questões referentes às exceções dilatórias em geral, a admissão ou indeferimento dos meios de prova, a condição do juiz etc.

---

[90] JUNOY, Joan Pico I. *Esquemas del nuevo proceso civil*. Madrid: La Ley, 2001. p. 131.
[91] COUTURE, op cit., p. 244.
[92] TARIGO, Enrique E. *Lecciones de derecho procesal civil:* según el nuevo código. 3. ed. Montevideo: Fundacion de Cultura Universitaria, 2004. t. 2, p. 178.
[93] Ibid., p. 179.
[94] COUTURE, op cit., p. 246-247.

Sentenças definitivas, por sua vez, são aquelas que o juiz profere para decidir a questão de fundo do litígio a ele submetido.[95]

As providências de trâmite, meramente interlocutórias ou de simples sustação, assim como as sentenças interlocutórias, quando a elas se impute um *error* ou um defeito, seja qual for a natureza destes, podem ser impugnadas por meio do recurso de reposição (*reposición*), previsto no art. 245 do CGP.

O recurso de reposição tem por objeto a revogação ou a modificação da providência impugnada. É interposto – conforme o caso, oralmente ou por escrito – perante o próprio tribunal recorrido e por ele mesmo será decidido (art. 246.2 CGP).

As sentenças definitivas, assim como as interlocutórias proferidas em primeira instância e desde que não o tenham sido no curso de um incidente, são impugnáveis por meio do recurso de apelação (*apelación*), consoante dá conta o art. 250, 1 e 2, do CGP.

O recurso de apelação é um recurso ordinário, que se resolve pelo tribunal imediatamente superior ao que proferiu a sentença recorrida e que objetiva obter a reforma, a revogação, ou a anulação desta decisão.[96]

A apelação terá efeito suspensivo quando interposta das sentenças definitivas ou interlocutórias com força de definitivas. De outro lado, não terá efeito suspensivo nos demais casos, ou seja, quando interposta para atacar sentenças interlocutórias simples. Nestes casos, contudo, poderá ter agregado efeito diferido, desde que previsto expressamente em lei (art. 252.3 do CGP).[97]

2.6. Direito mexicano

Os recursos regulados pelo Código de Procedimentos Civis para o Distrito Federal são os seguintes: a) revogação (*revocación*); b) reposição (*reposición*); c) apelação (*apelación*); d) revisão de ofício (*revisión de oficio*) e; e) queixa (*queja*).

---
[95] COUTURE, op cit., p. 247.
[96] TARIGO, op cit., p. 242.
[97] Ibid., loc cit.

A revogação tem por objeto a modificação total ou parcial da decisão recorrida pelo mesmo órgão jurisdicional que a proferiu. É cabível para impugnar todas as decisões interlocutórias e também os *autos* nos feitos nos quais não for admissível apelação contra a sentença definitiva.

A revogação deve ser pedida por escrito dentro do prazo de 24 horas seguintes à intimação (contadas a partir da hora em que foi notificado o recorrente da decisão). Posteriormente, há de se abrir vista à parte contrária para que se manifeste. A decisão do juiz deverá ser proferida em três dias e não admitirá recurso algum que não o de responsabilidade (art. 685).[98]

O Código de Procedimentos Civis, em seu art. 686, designa, com a palavra *reposição* (*reposición*), um recurso de caráter e finalidades idênticas que o de *revogação* (*revocación*), distinguindo-se, apenas, em razão do tribunal que profere a decisão recorrida.[99]

Assim, das decisões e *autos* do Tribunal Superior – inclusive aqueles que, proferidos na primeira instância, são inapeláveis –, pode-se pedir reposição, que se processa da mesma forma da revogação.

Com a apelação busca-se a obtenção de um novo exame e uma nova decisão acerca da questão debatida, por um órgão jurisdicional hierarquicamente superior. O Código Federal de Procedimentos Civis menciona que a apelação tem por objetivo que o tribunal superior confirme ou revogue[100] a sentença ou o auto proferido pela primeira instância.

O recurso de queixa, por sua vez, é aquele que se interpõe contra a decisão de inadmissão da apelação, ou de outro recurso ordinário, ou, ainda, quando o juiz deixe de proceder de acordo com o direito ou comete falhas e abusos na administração da justiça. Objetiva levar ao conhecimento do órgão superior as arbitrariedades cometidas pelo órgão inferior, para que as evite, obrigando a observância da lei.

---

[98] PALLARES, Eduardo. *Derecho procesal civil*. 10. ed. México: Porrua, 1983. p. 449-450.
[99] PALLARES, op cit., p. 450.
[100] Conforme sustenta Pallares, a expressão "confirme" utilizada pela lei é inadequada, porquanto ninguém que ingresse com recurso pretende a confirmação da decisão recorrida (Ibid., p. 446).

De acordo com o direito mexicano, o recurso de queixa (*queja*) é admissível como meio de impugnação a ser utilizado frente aos atos judiciais que ficam fora da abrangência dos demais recursos, a fim de que se oportunize ao tribunal superior a possibilidade de corrigir os efeitos das decisões dos juízes inferiores nos casos expressamente determinados.

Assim, a queixa é recurso, mas também meio disciplinar e sancionatório de omissões e dilações indevidas.[101]

A revisão de ofício, prevista no art. 716 do CPC, se assemelha ao nosso reexame necessário. Em determinados casos em que haja interesse da sociedade e do Estado, inobstante a conformidade das partes com a sentença definitiva pronunciada, exige-se a sua revisão pelo tribunal superior. Trata-se de verdadeira exceção ao princípio do dispositivo em favor do controle da legalidade em causas em que se faz presente o interesse público.[102]

---

[101] PALLARES, op cit., p. 474.
[102] Ibid., p. 469.

3. A irrecorribilidade em separado das decisões interlocutórias no Processo Civil brasileiro

As vantagens de um processo oral sobre o processo escrito já eram realçadas muito antes do reconhecimento da autonomia do processo frente ao direito material.[103]

Com efeito, o processo como ciência autônoma encontra na obra de Büllow, publicada no ano de 1868,[104] o seu registro de nascimento, embora, ainda no século XVIII, outros já houvessem enfatizado os benefícios de um processo oral.[105]

Foi Chiovenda,[106] todavia, quem ficou conhecido como o principal defensor da oralidade. Defendia ele que o contato pessoal entre o juiz e os litigantes, propiciado no procedimento oral, torna possível àquele uma apreensão imediata do litígio, em sua versão original e autêntica, que lhe transmitem de viva voz os próprios contendores. Ademais, a oralidade permite que o juiz presida a coleta das provas com base nas quais irá fundamentar a futura decisão, tendo um contato direto e pessoal também com as testemunhas, podendo, assim,

---

[103] MONTEIRO, João Baptista. O conceito de decisão. *RePro*, São Paulo, n. 23, p. 61-83, 1981.

[104] Trata-se da obra que leva o título *Die Lehre von den Prozesseinreden und die Prozessvoraussetzungen (Teoria das Exceções e pressupostos processuais)*, traduzida para o espanhol: BÜLLOW, Oskar von. *Excepciones procesales y presupuestos procelales*. Buenos Aires: EJEA, 1964.

[105] Chiovenda faz referência a Mário Pagano, na Itália, e Jeremias Bentham, na Inglaterra (CHIOVENDA, Giuseppe. *Instituições de direito processual civil*. 2. ed. São Paulo: Saraiva, 1965. v. 3, p. 80 e ss.); NORONHA, 1976, p. 233; MONTEIRO, op cit., p. 61-85.

[106] Como se pode constatar na obra: MENEGALE, J. Guimarães. *Instituições de direito processual civil*. 2. ed. São Paulo: Saraiva, 1965. v. 3.

avaliar a credibilidade das informações prestadas com maior segurança do que teria no procedimento escrito.[107]

E a concretização de um processo oral se dá por meio da observância, também – além dos princípios da concentração das provas, da imediatidade e da identidade física do juiz –, do princípio da irrecorribilidade em separado das decisões interlocutórias. Com efeito, para tornar efetivo o princípio da oralidade, à medida que ele se vincula com o princípio da concentração, torna-se necessário impedir as contínuas interrupções no andamento do processo motivadas pelos recursos opostos pelas partes contra as decisões acerca de questões incidentes.[108]

Não obstante tenha ganhado relevo no Brasil, tradicionalmente tem-se asseverado que a doutrina de Chiovenda nunca foi verdadeiramente admitida por aqui.[109]

O Código de 1939, como se tem afirmado, ao adotar o sistema da recorribilidade restrita, permitindo a impugnabilidade das decisões incidentes nos casos taxativamente indicados no texto legal, assumiu posição intermediária entre a doutrina de Chiovenda e aquela que defende o procedimento escrito, e a ampla e indiscriminada impugnabilidade das decisões incidentes.[110] O que se teve neste ordenamento foi um procedimento oral mitigado: a forma escrita estabeleceu-se para a discussão e decisão das questões preliminares e ordinatórias do processo. Quanto ao mérito, de outro lado, o exame das provas e a discussão do principal da causa concentravam-se na audiência perante o juiz que iria decidi-la, evidenciando os caracteres essenciais do processo oral.[111]

No Código de 1973, mitigaram-se, ainda mais, os princípios da oralidade e da irrecorribilidade em separado das decisões inter-

---

[107] SILVA, Ovídio Araújo Baptista da. *Curso de processo civil:* processo de conhecimento. 5. ed. São Paulo: Revista dos Tribunais, 2000. v. 1, p. 68.
[108] SILVA, op cit., p. 66-67.
[109] NORONHA, 1976, p. 233; MONTEIRO, op cit., p. 61-85; ALMEIDA, José Antônio. *Agravo interno e ampliação dos poderes do relator:* aspectos polêmicos e atuais dos recursos e outros meios de impugnação às decisões judiciais. São Paulo: Revista dos Tribunais, 2003. v. 7, p. 375-435.
[110] Cf. referiu Liebman na nota 1 da obra: MENEGALE, op cit., p. 82. Na mesma linha, endossando as palavras de Liebman: MONTEIRO, op cit., p. 61-83.
[111] PARÁ FILHO, Tomás. A recorribilidade das decisões interlocutórias no código de processo civil, *RePro*, São Paulo, n. 5, p. 15-42, 1974. p. 15-42.

locutórias – como admitiu o próprio idealizador do anteprojeto do Código, Buzaid, na Exposição de Motivos apresentada ao Ministro da Justiça[112] –, a ponto de parte da doutrina afirmar que se adotou posição diametralmente oposta àquela preconizada por Chiovenda, permitindo a ampla recorribilidade das decisões interlocutórias.[113]

Moderna e autorizada doutrina,[114] contudo, tem defendido que o fato de o Código ter permitido a impugnabilidade de todas as decisões interlocutórias, sem a enumeração casuística do direito anterior, não significa que tenha abandonado o princípio da irrecorribilidade em separado das decisões interlocutórias.

O que se pretende evitar com a adoção do princípio da irrecorribilidade em separado das decisões interlocutórias, consoante sustenta tal doutrina, é que se interrompa a marcha processual,[115] em razão da atribuição de efeito suspensivo ao recurso previsto para atacá-las.

Desta forma, se as decisões interlocutórias são impugnáveis sem que haja a paralisação do curso do procedimento, não há afronta ao princípio da irrecorribilidade em separado das decisões interlocutórias, porquanto não haverá prejuízo à concentração e à oralidade.

O que define a questão é a locução em separado, que significa impugnação com a suspensão do processo. Mas separação não deve ser entendida no sentido físico, de formação de novos autos, mas no de paralisação do processo, para que separadamente seja examinada a impugnação da interlocutória.[116]

Por fim, conclui esta corrente que o atual CPC, ao não admitir, em regra, o efeito suspensivo ao agravo, recurso cabível para im-

---

[112] Mencionou Buzaid na Exposição de Motivos: "O Código de Processo Civil se destina a servir o Brasil, e não seria praticamente útil se não fizesse abstração das tendências do nosso povo. Atendendo a essas ponderações, mitigamos, em parte, o processo oral, não só no que toca ao princípio da identidade da pessoa física do juiz, como também quanto à irrecorribilidade das decisões interlocutórias" (BUZAID, Alfredo. *Anteprojeto de código de processo civil*. Rio de Janeiro: [s.n.], 1964. p. 24-25).
[113] Assim, *v.g.*, NORONHA, 1976, p. 233; MONTEIRO, op cit., p. 61-83.
[114] Assim: NERY JUNIOR, Nelson. *Princípios fundamentais:* teoria geral dos recursos. 5. ed. São Paulo: Revista dos Tribunais, 2000. p. 153; FRANZÉ, 2002, p. 76. Também no mesmo sentido: PAVAN, Dorival Renato. *Teoria geral dos recursos cíveis*. São Paulo: Juarez de Oliveira, 2004. p. 39-41.
[115] PAVAN, op cit., p. 39-41.
[116] NERY JUNIOR, op cit., p. 153; FRANZÉ, op cit., p. 76.

pugnar as decisões interlocutórias, consagrou, sim, o princípio da irrecorribilidade das decisões interlocutórias.[117]

A prática tem demonstrado, todavia, que os agravos de instrumento acabam por truncar o processamento do feito, seja porque há a possibilidade de atribuição de efeito suspensivo (art. 558), seja em razão de que o provimento do agravo, muitas vezes, motiva a anulação de atos determinados pelo magistrado *a quo* e já realizados.

Assim, não se pode afirmar que o princípio da irrecorribilidade em separado das decisões interlocutórias, como idealizado pela doutrina, é observado em nosso sistema processual civil.

3.1. Recorribilidade das decisões interlocutórias de primeiro grau no Código de Processo Civil brasileiro: o agravo

Ao recurso de agravo o CPC reservou o Capítulo III (Do Agravo) do Título X (Dos Recursos) do seu Livro I (Do Processo de Conhecimento), mais especificamente os arts. 522 a 529.

Neste ponto geograficamente centralizado do Estatuto Processual é que estão disciplinados o cabimento e os pressupostos de admissibilidade do agravo, bem como determinado o seu procedimento.

Consoante preceitua o art. 522: das decisões interlocutórias caberá agravo, no prazo de dez dias, na forma retida, salvo quando se tratar de decisão suscetível de causar à parte lesão grave e de difícil reparação, bem como nos casos de inadmissão da apelação e nos relativos aos efeitos em que a apelação é recebida, quando será admitida a sua interposição por instrumento.

As decisões ou resoluções interlocutórias são aquelas proferidas no curso do processo e que decidem questões incidentes. Elas contrapõem-se às decisões que conduzem à resolução final do processo, implicando alguma das situações previstas nos arts. 267 e 269

---
[117] Ibid., loc cit.; Ibid., loc cit.

(sentenças),[118] bem como das resoluções ou despachos de expediente, que apenas propendem ao impulso (andamento) processual.[119]

A partir do momento em que o juiz é provocado pelo autor, até o desfecho do processo – ressalvada a hipótese mais abrupta e imediata de rejeição liminar de petição inicial por intermédio da sentença liminar do art. 295 –, depara-se o órgão judiciário com inúmeras questões, que lhe incumbe examinar e resolver, de ofício ou a requerimento das partes, a começar pela investigação dos requisitos da petição inicial ou requerimento (art. 475-J).[120]

A tais atos decisórios, que constituem apenas uma das espécies da classe das "decisões",[121] o art. 162, § 2º, chama decisões interlocutórias.

As questões referentes às exceções dilatórias em geral, à admissão ou indeferimento dos meios de prova, à condição do juiz etc., se decidem por decisões interlocutórias. Estas resoluções, proferidas em meio ao debate, vão depurando o juízo de todas as questões acessórias, desembaraçando-o de obstáculos que impediriam uma sentença sobre o fundo.[122]

Normalmente, a interlocutória é decisão sobre o processo, e não sobre o direito. Dirime apenas controvérsias acessórias.[123] Evidentemente há exceções; por exemplo, por decisão interlocutória decide-se acerca do pedido de antecipação de tutela (art. 273).

---

[118] ASSIS, Araken de. *Cumprimento da sentença*. Rio de Janeiro: Forense, 2006a. p. 20-21.
[119] COUTURE, op cit., p. 244.
[120] ASSIS, 2006a., p. 23.
[121] Como adverte Araken de Assis (2003, p. 23), a classe das "decisões" se afigura mais ampla do que aquela constituída pela resolução de questões incidentes, sob pena de tornar supérfluo o adjetivo aposto à decisão mencionada no sobredito parágrafo [§ 2º do art. 162] ("interlocutória"). Assim, o gênero "decisão" abrangerá dois tipos de atos decisórios, proferidos pelo juiz singular de primeiro grau: a sentença (art. 162, § 1º) e a interlocutória (art. 162, § 2º) (Ibid.).
[122] COUTURE, op cit., p. 246-247.
[123] Ibid., loc cit.

4. Juízo de admissibilidade

Assim como ocorre com a ação ajuizada, que para ter seu mérito examinado deve preencher determinados pressupostos, os recursos, para serem conhecidos, também devem observar alguns requisitos.

Aliás, o estabelecimento de um paralelo entre as condições da ação e os requisitos de admissibilidade dos recursos tem sido voz corrente na doutrina.[124] Na Itália, há muito já se afirma que o direito de recorrer está compreendido no direito de ação[125], de forma que a analogia entre os pressupostos de um e outro é inevitável.[126]

Desta forma, de ordinário, as mesmas condições da ação e pressupostos processuais que devem se fazer presentes para que haja o julgamento de mérito da ação, hão de ser observados também para que os recursos tenham a sua questão de fundo julgada pelo tribunal.[127]

É verdade, todavia, que enquanto na ação os requisitos são verificados em relação a fatos exteriores e anteriores ao processo, no

---

[124] Neste sentido, WAMBIER, op cit., p. 96-97; NERY JUNIOR, op cit., p. 240-241.

[125] ROCCO, Ugo. *Trattado di diritto processuale civile*. Torino: Torinense, 1956. v. 3, p. 291, refere: "La facoltà di impugnativa ed in particolare la facoltà di apellare e di recorrere per Cassazione, si inquadri nel concetto del diritto di azione, quale una facoltà compresa in detto diritto e come infine, i mezzi per impugnare lê sentenze si distinguano e quali precisamente siano lo loro caratteristiche differenziali".

[126] Assim: MANDRIOLI, Crisanto. *Corso di diritto processuale civile*. 7. ed. Torino: Giappichelli, 1989. v. 2, p. 293; ROCCO, op cit., p. 291.

[127] Nem sempre, contudo, há coincidência entre as preliminares e o mérito do recurso, com as preliminares e o mérito da ação. Pode acontecer que o recurso diga respeito a uma questão que havia sido examinada como preliminar pelo juízo *a quo*. Nesse caso, aquela questão tida como preliminar em relação ao juízo de primeiro grau será vista como mérito, no plano do recurso. É o que sucede, por exemplo, na apelação interposta contra a sentença que declara o autor carecedor da ação (cf. ROSEMBERG, Leo. *Tratado de derecho procesal civil*. Buenos Aires, EJEA, 1955. t. 2, p. 359; MOREIRA, op cit., p. 259).

recurso os requisitos são aferidos tendo em vista o próprio processo já existente. Isto, contudo, não impede a analogia entre as condições da ação e os requisitos de admissibilidade dos recursos.[128]

E a atividade por meio da qual o juiz ou o tribunal examina a presença, ou não, destes requisitos denomina-se juízo de admissibilidade recursal. O resultado positivo de tal apreciação autorizará o órgão julgador a ingressar no juízo de mérito do recurso, que é aquele em que se apura a existência, ou inexistência, de fundamento para o que se postula, tirando-se daí as conseqüências cabíveis, isto é, acolhendo-se ou rejeitando-se a postulação.[129]

Desta forma, o juízo de admissibilidade é sempre e necessariamente anterior ao juízo de mérito. Um juízo de admissibilidade negativo conduz ao não-conhecimento do recurso.[130] Neste caso, inviabiliza-se o exame de mérito, por isso impende que se dê tratamento dos mais cautelosos e equilibrados à matéria. A atividade judicial que deixe de conduzir à decisão de mérito, como já disse voz autorizada da doutrina,[131] é causa de frustração. O ideal seria que sempre se pudesse chegar àquela etapa final.[132]

O juízo de admissibilidade favorável, de outro lado, conduz ao seu conhecimento e ao posterior julgamento de provimento ou improvimento.[133]

O juízo positivo de admissibilidade pode e costuma ser implícito, circunstância revelada no processamento do recurso ou no seu julgamento de mérito. O juízo negativo, ao revés, virá em decisão explícita e devidamente motivada.[134]

---

[128] JORGE, Flávio Cheim; RODRIGUES, Marcelo Abelha. *Juízo de admissibilidade e juízo de mérito dos recursos:* aspectos polêmicos e atuais dos recursos de acordo com a Lei 10.352/2001. São Paulo: Revista dos Tribunais, 2002. v. 5, p. 223-248.

[129] MOREIRA, op cit., p. 258-259.

[130] Consoante afirma Rosemberg, "Si se establece la inadmisibilidad del recurso, no puede ya el Tribunal considerer el fundamento" (ROSEMBERG, op cit., p. 359).

[131] MOREIRA, José Carlos Barbosa. Restrições ilegítimas ao conhecimento dos recursos. *Revista AJURIS*, Porto Alegre, v. 32, n. 100, p. 187-199, 2005.

[132] Barbosa Moreira diz que as decisões de não conhecimento "[...] lembram refeições em que, após os aperitivos e os *hors d'oeuvre*, se despedissem os convidados sem anunciado o prato principal." (MOREIRA, 2005, p. 189).

[133] MOREIRA, 1999a, v. 5, p. 258-259.

[134] Cf. ASSIS, Araken de. *Condições de admissibilidade dos recursos cíveis:* aspectos polêmicos e atuais dos recursos de acordo com a Lei 9.756/98. São Paulo: Revista dos Tribunais, 1999. p. 11-51.

Oportuno ressaltar que esta ordem sistemática não sofre modificação frente à possibilidade de o relator, no tribunal, negar seguimento ou dar provimento de plano ao recurso, conforme autoriza o art. 557, *caput*, e § 1º – A[135]. O *iter* a ser percorrido pelo relator em seu julgamento monocrático há de ser idêntico ao que seria percorrido se o julgamento fosse levado ao colegiado. Ocorre que a negativa de seguimento, como se verifica pela leitura do *caput* do art. 557, abrange tanto as hipóteses que conduzem ao não-conhecimento (juízo de admissibilidade), como a hipótese de improvimento (juízo de mérito). O provimento de plano, por sua vez, exige que se tenha ultrapassado o juízo de admissibilidade.

O conjunto dos requisitos de qualquer recurso representa matéria de ordem pública. Por conseguinte, é lícito o seu conhecimento, *ex officio*,[136] pelo órgão judiciário a qualquer tempo. "Nada impede ao juiz, após reputar admissível o recurso, posteriormente alterar sua convicção inicial, estimando-o inadmissível, porém antes do julgamento do mérito e desde que o possibilite seu estágio de processamento".[137] Isto é o que se extrai da interpretação do parágrafo único do art. 518.

Diversos critérios são sugeridos para a classificação dos requisitos de admissibilidade em conjuntos menores. A doutrina mais tradicional entende oportuno dividir os requisitos em objetivos e subjetivos,[138] enquanto os estudos mais recentes preferem separá-los em intrínsecos e extrínsecos.[139]

---

[135] Cf. ASSIS, 1999, p. 11-51.

[136] Contudo, conforme Didier Júnior, a atual redação do parágrafo único do art. 526, que subordina o não conhecimento do agravo, por descumprimento do *caput* do mesmo artigo, a argüição pelo agravado, "[...] alterou o ensinamento consagrado no sentido de que os requisitos de admissibilidade dos recursos poderiam ser conhecidos de ofício pelos magistrados. Este (cumprimento do *caput do* art. 526), como visto, somente pode ser conhecido se houver provocação do agravado. Agora, as nossas lições de teoria geral dos recursos devem apontar essa situação, no mínimo excepcional em comparação com o restante do sistema" (DIDIER JÚNIOR, Fredie. *Primeiras impressões sobre o par. ún., art. 526, CPC*: aspectos polêmicos e atuais dos recursos e outros meios de impugnação às decisões judiciais. São Paulo: Revista dos Tribunais, 2002a. p. 225-226).

[137] Cf. ASSIS, 1999, p. 13.

[138] Neste sentido: SANTOS, Moacyr Amaral. *Primeiras linhas de direito processual civil*. 16. ed. São Paulo: Saraiva, 1997. v. 3; GRECO FILHO, Vicente. *Direito processual civil brasileiro*. 13. ed. São Paulo: Saraiva, 1999. v. 2. p. 2.603.

[139] Entre os quais: ASSIS, 1999, p. 11-51; MEDINA, José Miguel Garcia. *Juízo de admissibilidade e juízo de mérito dos recursos na nova sistemática recursal e sua compreensão*

A reunião em intrínsecos e extrínsecos parece de melhor proveito e será adotada neste trabalho. Esta orientação "[...] apresenta as vantagens de evitar o risco de reduzir várias condições da admissibilidade ao cabimento, na qual incorre o critério distinto, e permite reunir, sob tal fundamento, uniformemente o conjunto de pressupostos".[140]

4.1. Requisitos intrínsecos

Os requisitos intrínsecos são os concernentes à própria existência do direito de recorrer.[141] São eles: o cabimento, a legitimação para recorrer, o interesse em recorrer, e a inexistência de fato impeditivo (*v.g.*, o previsto no art. 881, *caput, fine*) ou extintivo (*v.g.*, os contemplados nos arts. 502 e 503) do poder de recorrer.

4.1.1. Cabimento

A capacidade do ato de ser questionado e a conformação do recurso com a CRFB, ou com o elenco do art. 496, responderão a indagação acerca do cabimento ou não do recurso. O exame de tal requisito intrínseco, destarte, dar-se-á por meio de dois ângulos distintos, mas complementares: a recorribilidade do ato e a propriedade do recurso eventualmente interposto.[142]

A CRFB e o CPC especificam os pronunciamentos judiciais e os respectivos meios recursais, de forma que a cada um daqueles apenas um destes se mostre como adequado. Ou seja, para cada espécie de decisão judicial recorrível, há um único meio recursal disponível no ordenamento, sendo vedada a interposição simultânea ou cumu-

---

jurisprudencial, de acordo com as Leis 9.756/98 e 9.800/99: aspectos polêmicos e atuais dos recursos de acordo com a Lei 9.756/98. São Paulo: Revista dos Tribunais, 2000. p. 341-374; MOREIRA, 1999a, v. 5, p. 260.
[140] ASSIS, 1999, p. 15.
[141] Nery Júnior, em que pese adotar a classificação em intrínsecos e extrínsecos, sugerida por Barbosa Moreira, discorda deste ao sustentar que os primeiros são aqueles que dizem respeito a decisão recorrida em si mesmo considerada; enquanto os outros respeitam a fatores externos à decisão judicial que se pretende impugnar, sendo normalmente posteriores a ela (NERY JUNIOR, op cit., p. 240-241).
[142] ASSIS, 1999, p. 11-51.

lativa de mais outro, objetivando a impugnação do mesmo ato judicial. Extrai-se, daí, o princípio da unirrecorribilidade, unicidade ou singularidade recursal, vigente em nosso sistema.[143]

Não se pode deixar de lembrar que ainda há pouco tempo em nosso ordenamento havia hipóteses em que um único pronunciamento judicial era passível de impugnação por mais de um recurso. Era o que sucedia no caso do acórdão que, ao resolver duas ou mais questões, dispunha de forma unânime em relação a uma, ou algumas, e de forma majoritária quanto à outra, ou outras: no tocante ao capítulo não-unânime, admissíveis se revelavam os embargos infringentes (art. 535); quanto aos capítulos unânimes, ao invés, só caberiam os recursos especial ou extraordinário, conforme o caso.[144]

Defendia parte significativa da doutrina,[145] contudo, que a hipótese não configuraria exceção ao princípio da singularidade, já que se tratava de decisão objetivamente complexa, de forma que poderia ser dividida em capítulos autônomos. Assim, para fins de recorribilidade, cada capítulo constituiria uma decisão *per se*.

Atualmente, a controvérsia perdeu o sentido. Com a alteração levada a cabo no art. 498, o prazo para a interposição dos recursos extraordinário e especial, relativamente ao julgamento unânime, ficará sobrestado até a decisão dos embargos infringentes.

Recentemente, entretanto, outra polêmica envolvendo o princípio da singularidade surgiu. Diz respeito à antecipação de tutela examinada no bojo da sentença.[146] Parte da doutrina, acompanhada por uma corrente jurisprudencial,[147] sustenta que nestas hipóteses dois recursos seriam cabíveis para atacar o pronunciamento: agravo para impugnar a decisão acerca da antecipação de tutela, e apelação quanto ao demais.

---
[143] MEDINA, op cit., p. 341-374.
[144] ASSIS, 1999, p. 11-51.
[145] Neste sentido, por todos, MOREIRA, 1999a, v. 5, p. 247.
[146] Há decisões entendendo ser descabida a antecipação de tutela em sentença. Assim: TJSP-5ª Câm. Dir. Privado, MS 181.818-4, rel. Des. Silveira Netto, j. 22.03.2001, fonte: JTJ 251/385; TRF 3ª Reg.-1ª Turma, AI 96.03.025483-5, j. 06.05.1997, fonte: RTJE 163/185; TJSP-6ª Câm. Dir. Privado, AI 240.975.4/4, rel. Des. Testa Marchi, j. 27.06.2002, fonte: bol. AASP 2.393/3.275.
[147] Neste sentido: TRF, 4ª. Reg., AGMC 1999.04.01.010184/PR, Rel. Des. Fed. Nilson Paim de Abreu, maioria, j. 30.06.1999; TRF, 4ª. Reg., AI 1998.04.01.071953-5, Rela. Desa. Fed. Maria Lúcia Luz Leiria, DJU 02.03.1999.

Tal entendimento não se coaduna com o ordenamento jurídico vigente, justamente por afrontar o princípio da unirrecorribilidade.[148] Inegavelmente, nestas hipóteses, há apenas um pronunciamento judicial e caracteriza-se como sentença, sendo, desta forma, impugnável por meio de apelação,[149] não podendo se conhecer do agravo de instrumento eventualmente interposto, como bem afirmou o STJ.[150] A concessão da antecipação de tutela é apenas mais uma das questões enfrentadas no pronunciamento judicial, e não uma decisão interlocutória autônoma.[151]

E o inciso VII do art. 520, incluído pela Lei 10.352/2001, parece ter vindo colocar fim à controvérsia. Com efeito, a norma faz expressa menção ao recurso de apelação interponível contra a sentença que confirma (e, por extensão, à sentença que concede) a antecipação de tutela. Assim, é irrefragável o descabimento do recurso de agravo, simultaneamente à apelação, nessa hipótese.[152]

Decerto quem quiser recorrer, deve cuidar de utilizar a espécie recursal apontada pela lei para o caso; não pode substituí-la por figura diversa.[153]

Assim, contra as decisões interlocutórias – definidas pelo § 2º do art. 162 como o ato pelo qual o juiz, no curso do processo, resolve questão incidente – é cabível o agravo retido, salvo se o ato judicial for apto a causar à parte lesão grave e de difícil reparação ou nas hipóteses de inadmissão da apelação ou efeitos em que é recebida, quando então, conforme o art. 522, com a redação dada pela Lei 11.187/05, será admissível o agravo de instrumento.

---

[148] Nesta linha: TJRS-9ª Câmara Cível, AI Nº 70010575058, rel. Desa. Marilene Bonzanini Bernardi, j. 20.12.2004.
[149] Neste sentido: MEDINA, op cit., p. 341-374; ZAVASCKI, Teori Albino. *Antecipação da tutela*. 2. ed. São Paulo: Saraiva, 1999. p. 112.
[150] Referiu o Ministro Paulo Medina, diante da 6ª turma, em seu voto no REsp. 524.017-MG, do qual foi relator, que o recurso cabível contra a sentença em que foi concedida a antecipação de tutela é a apelação; ou seja, não se conhece de agravo de instrumento interposto contra a antecipação de tutela concedida na sentença.
[151] MEDINA, op cit., p. 341-374
[152] ALVIM, Eduardo Arruda; MARTINS, Cristiano Zanin. *Apontamentos sobre o sistema recursal vigente:* aspectos polêmicos e atuais dos recursos e outros meios de impugnação às decisões judiciais. São Paulo: Revista dos Tribunais, 2002. p. 133-178.
[153] MOREIRA, 1999a, v. 5, p. 247.

A regra geral, como se vê, é o cabimento do agravo retido para impugnar as decisões interlocutórias. A exceção é a admissibilidade do agravo de instrumento, que somente pode ser interposto em três hipóteses: "[...] duas 'mais objetivas' – inadmissão da apelação ou quanto aos efeitos do recebimento da apelação – e uma, por assim dizer, 'menos objetiva' – quando a decisão for suscetível de causar lesão grave ou de difícil reparação ao agravante".[154]

Por sua vez, apto para impugnar a decisão do relator que nega seguimento ou dá provimento de plano a recurso, com fulcro no art. 557 e seu § 1º – A, é o agravo interno, previsto no § 1º do mencionado artigo.

Consabido, entretanto, a existência de hipóteses perante as quais avaliar qual o recurso cabível para impugnar determinada decisão se torna tarefa árdua, tendo em conta a natureza do pronunciamento judicial que se pretende atacar. Isto ocorre "[...] não só por impropriedades constantes do próprio código, como também pela dúvida doutrinária e jurisprudencial que envolva determinado caso".[155]

Nestes casos, e somente nestes, para evitar que a parte seja prejudicada por algum desajuste do sistema recursal que ocasiona dúvida objetiva sobre qual o recurso cabível, aplicável o princípio da fungibilidade, que faz possível o conhecimento de um recurso que não seja o adequado para impugnar determinada decisão, como se o fosse.

A adoção do princípio da fungibilidade, contudo, como já afirmou o STJ,[156] exige a presença de três requisitos: a) dúvida objetiva sobre qual o recurso a ser interposto; b) inexistência de erro grosseiro, que se dá quando se interpõe recurso errado quando o correto encontre-se expressamente indicado em lei e sobre o qual não se opõe nenhuma dúvida e; c) que o recurso erroneamente interposto tenha sido agitado no prazo do que se pretende transformá-lo.

Assim, por exemplo, deve ter conhecido o seu recurso a parte que interpôs agravo de instrumento para impugnar a decisão profe-

---

[154] SCHWIND, Rafael Wallbach. O novo perfil do agravo com as alterações introduzidas pela LF – 11.187 de 2005. *Revista Dialética de Direito Processual*, São Paulo, n. 34, p. 114-126, 2006.
[155] NERY JUNIOR, op cit., p. 119.
[156] STJ-1ª Turma, AgRg 1997/0013227-7, rel. Min. Humberto Gomes Barros, j. 02-06-1997, DJU 03-04-2000, RJADCOAS, vol. 10, p. 168.

rida em incidente de falsidade documental, embora o art. 395 a qualifique como sentença. Isto porque tal ato tem todas as características de decisão interlocutória, consoante a definição do § 2º do art. 162.[157]

4.1.2. Legitimação para recorrer

Consoante dispõe o art. 499: podem interpor recurso a parte vencida, o terceiro prejudicado e o Ministério Público. Tal regra é aplicável de forma genérica a todos os recursos, inclusive aos agravos.

Parte é quem participou do processo no pólo ativo ou passivo. Destarte, podem ser consideradas partes, em sentido amplo, além do autor e do réu (mesmo o revel), os litisconsortes, os intervenientes (que com a intervenção se tornam partes), e os assistentes (tanto na hipótese do art. 50, quanto do art. 54).

Terceiro prejudicado é quem não é parte no momento da decisão que feriu seus interesses. É quem, com interesse na causa que se discute entre outros dois sujeitos, mantém-se a ela alheio até que sobrevenha decisão que lhe cause gravame.[158]

Malgrado nosso ordenamento permita a eficácia plena da sentença apenas em relação aos integrantes do relacionamento processual, a verdade é que seus efeitos, não raro, atingem quem não é parte no processo. Esses efeitos são conseqüência da eficácia natural da sentença, que não conhece limitação subjetiva.[159]

Em razão disso é que se admite o recurso do terceiro prejudicado, como forma intervencional e que atende, sobremaneira, ao princípio da economia processual.[160]

O terceiro para se legitimar à interposição do recurso deve ser juridicamente prejudicado[161] e, consoante o § 1º do art. 499, deverá

---

[157] Isto se dá também em relação ao ato que, no curso da execução, decreta o usufruto de imóvel de empresa, qualificado como sentença pelo art. 718, embora incontestavelmente seja uma decisão interlocutória.
[158] NORONHA, 1976, p. 94.
[159] LIEBMAN, Enrico T. *Eficácia e autoridade da sentença*. 2. ed. Rio de Janeiro: Forense, 1981. p. 110-111.
[160] ROENICK, Hermann H. de Carvalho. *Recursos no CPC*. Rio de Janeiro: AIDE, 2001. p. 31.
[161] Didier Júnior afirma que "Não é da essência do conceito do instituto [recurso de terceiro] a existência do prejuízo jurídico; ou melhor, a existência de qualquer pre-

demonstrar o nexo de interdependência entre o seu interesse de intervir e a relação jurídica submetida à apreciação judicial.

O termo inicial do prazo recursal do terceiro é aquele atribuído às partes, não se podendo admitir que o prazo somente passe a fluir quando o terceiro tenha ciência da decisão, sob pena de o processo ficar indefinidamente em aberto.[162]

Vale ressaltar que diz-se "terceiro" apenas no âmbito da relação processual até então estabelecida (originária); não no recurso, pois neste o interveniente assume já a qualidade de parte.[163]

O terceiro prejudicado pode interpor qualquer recurso e contra qualquer manifestação judicial – inclusive, evidentemente, o agravo –, desde que demonstre o nexo de interdependência entre o seu interesse de intervir e a relação jurídica submetida à apreciação judicial.[164]

O Ministério Público, segundo estabelece o § 2° do art. 499, é legitimado para recorrer tanto nos processos em que figura como parte, como naqueles em que funciona como fiscal da lei.

Vale registrar, contudo, que cessada a causa originária da intervenção do Ministério Público, automaticamente cessa também a sua legitimidade para recorrer.[165]

4.1.3. Interesse para recorrer

A exemplo do que sucede com a ação, que para ter seu mérito examinado exige a presença do interesse processual, o recurso para ser conhecido depende da configuração do interesse recursal.

---

juízo. Há casos, ao contrário, de dispositivos legais que expressamente dispensam este liame – como, p. ex., as intervenções especiais da União e das pessoas jurídicas de direito público [...]" (DIDIER JÚNIOR, Fredie. *Recurso de terceiro*. São Paulo: Revista dos Tribunais, 2002b. p. 29-30). Pensamos, entretanto, que estes exemplos se constituem exceções que não são suficientes para modificar a regra geral da existência de prejuízo.

[162] ASSIS, 1999, p. 11-51.
[163] ALVIM, 2003a, 40.
[164] ROENICK, op cit., p. 31.
[165] STJ-3ª Turma, REsp. 2852/PR, rel. Min. Dias Trindade, j. 18-12-1990, DJU 25-02-1991, RSTJ, v. 18, p. 445.

O interesse em recorrer, conforme sustentado pelas doutrinas nacional e estrangeira,[166] está intimamente ligado à idéia de sucumbência. Argumenta-se que esta sucumbência seria reflexo de um prejuízo que, por sua vez, se configuraria com a ocorrência de uma lesão, um gravame.

Costuma-se dizer, considerando isso, que falta interesse recursal àquele que não pode alcançar posição mais vantajosa com o recurso, pois isso seria a maior evidência de que a decisão não lhe trouxe qualquer prejuízo.

Incide no procedimento recursal o binômio "utilidade + necessidade" como integrante do interesse de recorrer.[167]

Útil é o recurso que pode conduzir o recorrente a uma situação mais favorável. Deve o recorrente, portanto, almejar algum proveito, do ponto de vista prático, com a interposição do recurso.[168]

Necessário é o recurso que aparece como único meio de obter, no mesmo processo, a reforma que pretende na decisão. Sendo possível obter a modificação vantajosa sem a interposição do recurso, ausente se fará o requisito do interesse recursal.

Focando especificamente no agravo, falece interesse, por exemplo, para se impugnar a resolução que se limita, no saneamento do processo, a remeter a questão para decisão final.[169] É que neste caso sequer houve, de fato, uma decisão, não se podendo verificar verdadeira sucumbência de qualquer das partes. O exclusivo intento de ver a questão mais rapidamente definida não preenche, por si só, o requisito do interesse recursal.

Da mesma forma, não há interesse recursal para impugnar a decisão do magistrado *a quo* que recebe[170] a apelação.[171] Nesta hipó-

---

[166] IBAÑEZ FROCHAM, Manuel. *Tratado de los recursos en el processo civil*. 4. ed. Buenos Aires: La Ley, 1969. p. 103.
[167] NERY JUNIOR, op cit., p. 265.
[168] Ibid., p. 266.
[169] STF-Pleno, AgRg na Ação Cível Originária n. 301, rel. Min. Alfredo Buzaid, j. 14.04.1983, fonte: RTJ 107/913.
[170] De outro lado, a decisão que não admite a apelação deve ser impugnada por meio do agravo de instrumento, sob pena de restar preclusa a decisão.
[171] Nesta linha: TJRS-17ª Câmara Cível, AI nº 70012641015, Rel. Des. Jorge Luís Dall'Agnol, j. 30.09.2005. No mesmo sentido: JTJ 157/229; RJTJESP 105/331; 107/198.

tese, embora se verifique prejuízo, não se faz presente a necessidade do recurso de agravo, porquanto o tribunal necessariamente irá reexaminar a questão. Isto porque o juízo de admissibilidade, no caso da apelação, é exercido em duas fases ou etapas: a primeira pelo juízo *a quo*, que proferiu a decisão, e a segunda pelo órgão *ad quem* quando do julgamento do recurso,[172] sendo que este não fica vinculado à decisão do magistrado *a quo*.[173] Assim, cabe ao apelado argüir a questão nas suas contra-razões, e não em agravo.

4.1.4. Inexistência de fato impeditivo ou extintivo do poder de recorrer

O poder de recorrer, de regra, é atribuído a todo aquele que detém interesse e legitimação para fazê-lo.[174] Contudo, há fatos que conduzem à extinção ou ao impedimento do poder de recorrer.

A renúncia (art. 502) e a aquiescência (aceitação da decisão – art. 503) constituem fatos extintivos do poder de recorrer, enquanto a desistência consubstancia fato impeditivo deste mesmo poder.

Ocorre a renúncia quando o interessado e legitimado para interposição do recurso contra determinada decisão manifesta a sua vontade de não fazê-lo. A renúncia, desta forma, é ato anterior à apresentação da inconformidade recursal e independe de consentimento da parte adversa, bem como de homologação judicial, sendo, portanto, unilateral.[175]

A renúncia conduz à preclusão da decisão e à conseqüente inadmissibilidade de eventual recurso posteriormente interposto.

Há que observar, na esteira de precedente do STJ, que inexiste, na sistemática processual vigente, a figura da renúncia à pretensão recursal anterior ao ato judicial passível de impugnação.[176] Com efei-

---

[172] JORGE; RODRIGUES, op cit., p. 223-248.
[173] Assim: STF-2ª Turma, RE 85.516-SP, rel. Min. Moreira Alves, j. 20.09.1977, fonte: RTJ 86/596 e RJTJESP 50/167.
[174] SALLES, op cit., p. 46.
[175] Cf. MOREIRA, José Carlos Barbosa. *O novo processo civil brasileiro*, 21. ed. Rio de Janeiro: Forense, 2000. p. 118.
[176] STJ-3ª Turma, REsp. 38.359-5-SP, rel. Min. Cláudio Santos, j. 28-02-1994.

to, apenas se pode renunciar ao recurso não interposto, mas cabível, e posteriormente ao ato passível de impugnação.[177]

A aquiescência consiste na manifestação de vontade de conformar-se com o pronunciamento,[178] como na hipótese em que a parte comparece aos autos informando que irá cumprir a decisão[179] ou postula prazo para efetuar o pagamento a que foi condenada.[180] É ato que pode ocorrer antes ou após a interposição do recurso e da prolação da decisão.[181] Entretanto, não configura aquiescência tácita o cumprimento do ato sob protesto ou reserva.[182] Também não se pode extrair o requisito "vontade de se conformar com a decisão" do ato de cumprir decisão liminar. Aqui há mera obediência a uma ordem judicial com o intuito de evitar conseqüências como a imposição de multa.

O fato impeditivo consistente na desistência vem previsto no art. 501, que menciona que "O recorrente poderá, a qualquer tempo, sem anuência do recorrido ou dos litisconsortes, desistir do recurso". A desistência, como se vê, deve ser manifestada após a interposição do recurso e antes do seu julgamento.

Diversos efeitos decorrem da desistência, e o principal deles consiste em tornar inadmissível, no todo ou em parte, o recurso interposto posteriormente à homologação, passando em julgado o pronunciamento recorrido. "No caso de a parte desistir do recurso principal, há o efeito colateral de tornar inadmissível o recurso adesivo (art. 500, III)".[183]

4.2. Requisitos extrínsecos

Os requisitos extrínsecos referem-se ao modo de exercer o recurso.[184] Enquadram-se neste grupo a tempestividade, a regularidade formal e o preparo.

---

[177] ASSIS, 1999, p. 11-51.
[178] FRANZÉ, op cit., p. 93.
[179] SALLES, op cit., p. 47.
[180] NERY JUNIOR, op cit., p. 336.
[181] FRANZÉ, op cit., p. 94.
[182] STJ-4ª T. REsp 76.903-SP, rel. Min. Barros Monteiro, DJU 18.08.97, p. 27.871.
[183] ASSIS, 1999, p. 32.
[184] MOREIRA, 1999a, v. 5, p. 260.

4.2.1. Tempestividade

A admissão de qualquer recurso está subordinada à observância pelo recorrente dos prazos em lei fixados.

Superado o prazo estabelecido pelo ordenamento, sobre a questão decidida opera-se a preclusão (temporal) e eventual recurso, que venha a ser interposto com o intuito de rediscuti-la, não poderá ser conhecido, porquanto intempestivo.

Intempestivo, também, conforme os egrégios STF[185] e STJ,[186] o recurso interposto antes da publicação da decisão recorrida, porque manejado "fora" (antes) do prazo respectivo começar a fluir. Tal entendimento, contudo, não pode prevalecer. A publicação serve para dar ciência às partes da decisão (art. 506), não sendo condição de existência desta. É uma garantia firmada em favor da parte. Assim, se a parte logrou tomar conhecimento da decisão antes da publicação, considera-se suprida, para ela, a necessidade de publicação e intimação, não havendo motivo que a impeça de buscar imediatamente a tutela recursal, em homenagem, inclusive, à celeridade.[187]

Encontra aplicação, em tal hipótese, o princípio da instrumentalidade das formas. Deve-se observar a forma prescrita em lei, mas com a ressalva de que não se podem extrair conseqüências drásticas da sua inobservância, se apesar desta se atingiu o fim sem prejuízo a qualquer das partes.[188] Uma das características "[...] do processo civil moderno é o repúdio ao formalismo, mediante a flexibilização das formas e interpretação racional das normas que as exigem, segundo os objetivos a atingir".[189] As exigências de forma encontram-se nas leis para garantir a realização de determinados resultados, "[...]

---

[185] Cf. ADI 2.075-ED/RJ, Rel. Min. Celso de Mello; AI 152.091-QgR/SP, Rel. Min. Moreira Alves; AI 286.562/DF, Rel. Min Maurício Corrêa; RE 194.090-ED/RS, Rel. Min. Ilmar Galvão

[186] Nesta calha, *v.g.*, STJ-6ª Turma, REsp 210.522-MS-EDcl, Rel. Min. Hamilton Carvalhido, DJU de 25-02-2002.

[187] Neste sentido: MOREIRA, 2005, p. 187-199; MACHADO SEGUNDO, Hugo de Brito; MACHADO, Raquel Cavalcanti Ramos. Recurso interposto antes de publicada a decisão recorrida: tempestividade. *Revista Dialética de Direito Processual*, São Paulo, n. 7, p. 9-18, out. 2003.

[188] MOREIRA, 2005, p. 187-199.

[189] DINAMARCO, Cândido Rangel. *Instituições de direito processual civil*. 3. ed. São Paulo: Malheiros, 2003. v. 1, p. 39.

como meios preordenados a fins: o que substancialmente importa é o resultado obtido e não a regularidade no emprego dos meios".[190]

O recurso de agravo, de ordinário, deve ser interposto no prazo de 10 (dez) dias, consoante estabelece o art. 522. Exceção é o agravo retido que impugna decisões proferidas em audiência, que deve ser interposto necessariamente de forma oral e imediatamente (art. 523, § 3º). E o vocábulo "imediatamente" impõe a interposição do recurso logo após a emissão (e respectivo registro no termo) do ato e antes do prosseguimento da atividade desenvolvida na audiência, sob pena de restar a questão preclusa[191] (*infra* 5.2).

Também destoa da regra geral o agravo interno (inominado), que tem prazo de 5 (cinco) dias, conforme estabelecido no art. 557, § 1º,[192] e demais normas que o prevêem, como art. 120, parágrafo único, arts. 8º[193] e 13 da Lei 1.533/51 (Mandado de Segurança) e art. 4º da Lei 4.368/64 e art. 532.

Importante não olvidar que deve ser observada a prerrogativa do prazo em dobro para recorrer, assegurada pelo art. 188, tanto à Fazenda Pública como ao Ministério Público (seja atuando como parte, seja como fiscal da lei). Há que se considerar a dobra do prazo, igualmente, para os litisconsortes que litigarem com diferentes procuradores, em obediência ao comando do art. 191.[194] Os Defensores Públicos, por força do § 5º do art. 5º da Lei 1.060/50, também detêm direito ao prazo dobrado para recorrer.

A contagem do prazo se dá na forma estabelecida pelo art. 184, ou seja, excluindo-se o dia do começo (*dies a quo*) e computado o do vencimento (*dies ad quem*), a partir da data da intimação da parte – por meio de seu advogado – da decisão interlocutória, conforme dão conta os arts. 242 e 506.

---

[190] DINAMARCO, 2003, v. 1, p. 39.
[191] ASSIS, Araken de. Regime vigente do agravo retido. *Revista do Advogado*, São Paulo, n. 85, p. 112-123, maio 2006b.
[192] Há outros agravos internos como os previstos nos arts. 120, parágrafo único, e 532 do CPC, arts. 8º e 13 da Lei 1.533/51 (Mandado de Segurança) e art. 4º da Lei 4.368/64, que, entretanto, não são objeto deste estudo.
[193] Na hipótese de o indeferimento da inicial pelo Tribunal de Justiça, porquanto se for indeferimento pelo juiz de primeiro grau caberá apelação.
[194] ALLA, Valentina Jungmann Cintra. *O recurso de agravo e a Lei 9.139, de 30.11.1995*. São Paulo: Revista dos Tribunais, 1998. p. 70.

A intimação pode se dar pessoalmente ao advogado da parte, ou pela publicação da decisão no órgão oficial, onde houver, ou, ainda, por meio de carta registrada, com aviso de recebimento, observadas as especificações dos arts. 236 e 237. A intimação do revel, a teor do art. 322, é dispensável.

Em certas situações, entretanto, a intimação pessoal é a única modalidade possível. Assim sucede, por exemplo, em relação ao Ministério Público, por força do § 2º do art. 236, bem assim com os Defensores Públicos, em razão do disposto no § 5º do art. 5º da Lei 1.060/50,[195] e também em relação aos representantes judiciais da Fazenda Pública nas execuções fiscais,[196] a teor do art. 25 da Lei 6.830/80.

Há hipóteses, outrossim, em que o agravante toma conhecimento da decisão antes mesmo da sua publicação e deixa isso evidente em razão de algum ato que pratique, como, por exemplo, pela retirada dos autos em carga ou por meio da entrega de pedido de reconsideração. Nestes casos, o prazo deve fluir a partir do momento em que se pode, com certeza, afirmar que o agravante teve ciência inequívoca da decisão, e não da intimação formal.[197] No último exemplo mencionado, o marco inicial do prazo seria a protocolização da petição contendo o pedido de reconsideração;[198] no outro, o próprio ato de carga dos autos.

Impende gizar que eventual pedido de reconsideração da decisão endereçado ao decisor, habitual na praxe forense, não tem o condão de interromper, ou mesmo suspender o prazo recursal; porquanto, de recurso não se trata.[199]

Assim, o prazo para a interposição do agravo há de ser contado da decisão que de fato causou o gravame à parte, e não da que inde-

---

[195] ASSIS, 1999, p. 11-51.
[196] E também nos embargos à execução, consoante assentou o STJ em diversas oportunidades. Neste sentido: STJ-2ª Turma, REsp 313.714-RJ, rel. Min. Milton Luiz Pereira, j. 12.06.2001, DJU 11.03.2002, p. 196. Em relação aos embargos de terceiro há controvérsia, como se vê nos seguintes julgados: STJ-1ª Turma, REsp 128.389-SP, rel. Min. Demócrito Reinaldo, j. 07.06.1999, DJU 02.08.1999, p. 139 e STJ-2ª Turma, REsp 110-532-RS, rel. Min. Adhemar Maciel, j. 16.09.1997, DJU 06.10.1997, p. 49.932.
[197] ASSIS, 1999, p. 11-51.
[198] STJ-4ª Turma, REsp 2840/MG, rel. Min. Barros Monteiro, j. 06.11.1990, DJU 03.12.1990, p. 14322; STJ-3ª Turma, REsp 203838/SC, j. 24.06.1990, DJU 06.09.1999, p. 81.
[199] Neste sentido, por todos, MOREIRA, 1999a, v. 5, p. 487.

feriu o pedido de reconsideração e manteve a decisão anteriormente proferida. Entendimento contrário redundaria em admitir que a parte ao seu alvedrio dilatasse o prazo recursal,[200] que é peremptório e não admite ampliação nem convenção das partes a respeito.[201]

Destarte, transcorrendo, entre a intimação da decisão interlocutória e o indeferimento do pedido de reconsideração, lapso superior ao previsto para a interposição do agravo, terá se consubstanciado a preclusão, inviabilizando o conhecimento de eventual agravo posteriormente interposto.[202]

Desacertada, vale observar, a sugestão dada por parte da doutrina[203] de que se faça, sucessivamente ao pedido de reconsideração, requerimento de recebimento da inconformidade como agravo. No que tange ao agravo de instrumento, tal se mostra inviável, já que a sua interposição se dá diretamente no tribunal e está condicionada à simultânea comprovação de preparo. Na modalidade de agravo interno, a tática se mostra sem qualquer utilidade, porquanto lhe é inerente a abertura da possibilidade para que o decisor reconsidere (art. 523, § 2º).

Hipóteses há, todavia, em que efetivamente ocorre a interrupção ou a suspensão do prazo. A interrupção se dá quando, após iniciada a fluência do prazo, ocorre um evento previsto na lei, que conduz a que o prazo comece a correr novamente, por inteiro. Na suspensão, por outro lado, não há recuperação do tempo transcorrido. Cessado o evento, o prazo passará a fluir a partir do ponto em que parou.[204]

São casos de suspensão do prazo recursal: a superveniência de férias (art. 179); o obstáculo criado por outra parte (art. 180); a perda da capacidade processual de qualquer das partes, de seu representante legal ou de seu procurador (art. 265, inciso I, combinado o art. 180) e o oferecimento (e recebimento) de exceção que seja ainda oportuna (art. 265, III, combinado com o art. 180). As possibilidades de inter-

---

[200] GIORGIS, José Carlos Teixeira. *Notas sobre o agravo:* de acordo com as Leis ns. 9.139, de 20.11.95, e 9.245, de 26.12.95. Porto Alegre: Livraria do Advogado, 1996. p. 25.
[201] NERY JUNIOR, op cit., p. 71.
[202] SALLES, op cit., p. 201.
[203] Como, *v.g.*: NERY JUNIOR, op cit., p. 293-294.
[204] JORGE, op cit., p. 147.

rupção, por sua vez, são aquelas previstas no art. 507, ou seja, falecimento da parte ou a de seu procurador (contanto que não exista outro constituído nos autos); ocorrência de motivo de força maior.

Malgrado não constar no art. 507, também é causa de interrupção do prazo recursal a interposição de embargos de declaração, consoante estabelece o art. 538. Importa ressalvar, entretanto, que é condição para que os embargos imprimam tal efeito sobre o prazo recursal, o seu conhecimento pelo órgão judicial.[205]

4.2.2. Regularidade formal

Diz esse requisito com a necessidade de serem observados certos preceitos de forma, disciplinados pelo CPC.

Consoante o art. 154, os atos processuais não dependem de forma determinada, senão quando a lei expressamente a exigir, reputando-se válidos os que, realizados de outro modo, lhe preencham a finalidade essencial.

Quanto ao agravo de instrumento, o Código exige seja interposto por petição dirigida diretamente ao tribunal competente (art. 524), que conterá: "I – a exposição do fato e do direito; II – as razões do pedido de reforma da decisão; III – o nome e o endereço completo dos advogados, constantes no processo". Deverá a petição, ainda, se fazer acompanhar das peças chamadas obrigatórias, referidas no inciso I do art. 525. São elas: cópias da decisão agravada; da certidão da respectiva intimação e das procurações outorgadas aos advogados do agravante e do agravado.

As exigências não são descabidas, pois visam a possibilitar a verificação da tempestividade, o pleno contraditório e a correta compreensão da matéria trazida no recurso pelo Tribunal.

A exposição do fato e do direito, primeiro dos requisitos exigidos, inequivocamente, é o que possibilitará ao tribunal conhecer as circunstâncias fáticas e jurídicas em cujo âmbito a decisão interlocutória foi proferida.

A necessidade de constar, na petição de agravo, as razões do pedido de reforma da decisão objetiva assegurar que o recorrente

---
[205] MOREIRA, 1999a, v. 5, p. 551.

demonstre, de forma fundamentada, a sua irresignação com a interlocutória, apontando, especificamente o *error in procedendo* ou o *error in judicando* no qual esta incorreu.

A exigência de que conste na petição de agravo o nome e o endereço dos advogados que atuem no processo visa a permitir a intimação do agravado para que possa responder no prazo legal, bem como possibilitar a intimação, tanto do agravante, como do agravado de outros atos, ou pronunciamentos relativos ao procedimento do agravo de instrumento.

Ingressando no âmbito das peças obrigatórias, sem maiores dificuldades, constata-se que a cópia da decisão agravada se faz imprescindível para que o tribunal, com segurança, saiba o que restou decidido e por quais fundamentos. A certidão de intimação da decisão recorrida, por sua vez, tem o condão de possibilitar a verificação da tempestividade do recurso. Por último, as procurações permitirão o exame da regularidade da representação das partes, bem como a intimação destas por meio de seus advogados.

Vale ressaltar que, como já dito anteriormente, reputam-se válidos, consoante dispõe o art. 154, os atos processuais realizados de outro modo, desde que cumpram a sua finalidade essencial.

Assim, desnecessária a certidão de intimação da decisão recorrida, quando evidente a tempestividade do recurso,[206] como na hipótese em que entre as datas da decisão e da interposição do agravo não transcorreu mais do que dez dias. De outro lado, não tendo havido ainda a publicação da decisão, mas já transcorridos mais de dez dias desde a sua prolação, indispensável que o agravante comprove tal fato providenciando certidão do cartório.[207]

Da mesma forma, dispensável "A indicação dos nomes e dos endereços dos advogados, quando da interposição do agravo de instrumento, se nas cópias das procurações juntadas se pode claramente verificar tais registros".[208]

---

[206] Neste sentido é a 2ª conclusão do CETJRS. Também assim: STJ-4ª Turma, REsp 573.065-RS, rel. Min. Fernando Gonçalves, j. 13-04-2004.
[207] Neste sentido é a 2ª conclusão do CETJRS.
[208] STJ-4ª Turma, REsp 157985/DF, rel. Min. Sálvio de Figueiredo Teixeira, j. 17-12-1998, DJU 30-03-1998, p. 88, fonte: RSTJ 110/327.

Além das peças obrigatórias especificadas no inciso I do art. 525, o agravo de instrumento deve ser instruído com as peças necessárias ao exato conhecimento das questões discutidas.[209] Tal exigência não se encontra na lei, nem é preciso. Evidentemente, as partes sempre devem propiciar ao juízo a correta compreensão da controvérsia.

De outro lado, é preciso advertir que a omissão do agravante quanto à juntada destas peças – excetuando-se, é claro, as hipóteses em que não há prejuízo ao cumprimento da sua finalidade, como mencionado anteriormente – acarretará a negativa de seguimento do recurso, não sendo possível a conversão do julgamento em diligência para que tais peças sejam providenciadas,[210] nem mesmo a apresentação pelo próprio agravante posteriormente ou juntamente com a interposição do agravo interno,[211] porquanto já consubstanciada a preclusão consumativa.

Além das obrigatórias e das necessárias, há aquelas que são facultativas (art. 525, II),[212] que podem ser utilizadas a critério do agravante, para facilitar o provimento do agravo e a melhor apreciação das questões.

Não há necessidade, impende anotar, de que as peças juntadas no instrumento sejam autenticadas. Esta tem sido a orientação dominante no STJ,[213] que recebe o apoio também da doutrina.[214]

---

[209] Assim: IX ETAB, 3ª conclusão; CETJRS, 1ª conclusão; STJ-1ª Turma REsp 798211/RS, rel. Min. Teori Albino Zavascki, j. 09-03-2006, DJU 03-04-2006, p. 284. No mesmo sentido: SALLES, 1999.
[210] Assim: CETJRS, 1ª conclusão. No mesmo sentido: SALLES, 1999, p. 92. Em sentido contrário, quanto às peças facultativas, pensa Barbosa Moreira, para quem a providência adequada consistirá na intimação do agravante para que junte a peça (MOREIRA, 2005, p. 187-199).
[211] STJ-1ª Turma, AgRg no AgRg no Ag 705159/RJ, rel. Ministro Francisco Falcão, j. 07.02.2006, DJU 06.03.2006, p. 198; STJ-2ª Turma, AgRg no Ag 576247/SP, rel. João Otávio de Noronha, j. 04.08.2005, DJU 03.10.2005, p. 174.
[212] NEGRÃO, Theotonio. *Código de processo civil e legislação processual em vigor*. 35. ed. São Paulo: Saraiva, 2003. p. 581.
[213] Neste sentido: STJ-1ª Turma, REsp 764417/SP, rel. Min. José Delgado, j. 23.05.2006, DJU 08.06.2006, p. 138. Também: REsp 412161/PR, DJU 02.12.2002; REsp 440194/MG, DJU 16.06.2003; REsp 620167/PR, DJU 09.08.2004; REsp 440456/RS, DJU 10.03.2003. Na mesma linha segue o Tribunal de Justiça do Rio Grande do Sul: AI 70002879542, Segunda Câmara Especial Cível, Rela. Desª. Marilene Bonzanini Bernanrdi.
[214] Assim: CARNEIRO, op cit., p. 57; NEGRÃO, op. cit., p. 580.

Na lei processual, de fato, não se encontra norma expressa estabelecendo a obrigatoriedade de autenticação das cópias que irão instruir o agravo de instrumento. A fiscalização da autenticidade das peças, desta forma, é ônus da parte agravada, que deverá comunicar ao juízo se verificar qualquer indício de falsidade.

Não se pode olvidar que, atualmente, a interposição de recurso pode se dar, também, via fac-símile (fax), conforme expressamente admite a Lei 9.800/99.[215]

Contudo, a utilização deste sistema de transmissão de dados e imagens não desobriga o recorrente de atender às mesmas formalidades exigidas para a interposição do recurso diretamente em juízo. O que a Lei 9.800/99 permite é a interposição do recurso via fac-símile e a entrega dos originais dentro de cinco dias após o término do prazo, mas não a interposição do recurso sem a cópia dos documentos obrigatórios e necessários, porquanto isso, em primeiro lugar, afrontaria o art. 511; depois, daria margem à dilação do prazo recursal e, por último, não traria qualquer benefício em termos de celeridade, já que sem os documentos não há como se apreciar a irresignação trazida.

Não com outro intuito dispõe o art. 2º da indigitada Lei que "a utilização do sistema de transmissão de dados e imagens não prejudica não prejudica o cumprimento dos prazos, devendo os originais ser entregues em juízo, necessariamente, até cinco dias da data do seu término".

Há que ressaltar, ainda, que a utilização do fax apresenta algum risco ao recorrente, considerando que o art. 4º da Lei 9.800/99 reza que aquele que fizer uso desta prática tornar-se-á responsável pela qualidade e fidelidade do material transmitido, e por sua entrega ao órgão judiciário.

Divergência surge acerca da inclusão, ou não, da determinação do art. 526 como pressuposto de admissibilidade extrínseco – regularidade formal.

O art. 526 manda que o agravante, no prazo de três dias, requeira a juntada aos autos do processo principal de cópia da petição do

---

[215] Preceitua a referida Lei em seu art. 1º: "É permitida às partes a utilização de sistema de transmissão de dados e imagens tipo fac-símile ou outro similar, para a prática de atos processuais que dependam de petição escrita".

agravo de instrumento e do comprovante de sua interposição, assim como a relação dos documentos[216] que instruíram o recurso. O parágrafo único deste artigo refere que o não-cumprimento do disposto no *caput*, desde que argüido e provado pelo agravado, importa inadmissibilidade do agravo.

Parte da doutrina entende que o cumprimento da determinação do art. 526 é essencial ao processamento do recurso, porquanto é o que irá possibilitar a retratação pelo juízo *a quo*, o que interessa não apenas ao agravante, mas também ao erário, já que vem em favor da maior celeridade da prestação jurisdicional.

Por tal razão, para esta vertente doutrinária, a não-observância do disposto no art. 526, desde que referido e comprovado pelo agravado, acarreta o não-conhecimento do recurso, em função da ausência de pressuposto de admissibilidade extrínseco – regularidade formal.[217]

Não se pode deixar de referir que se trataria de um requisito de admissibilidade a ser tardiamente preenchido, "[...] já que a parte tem três dias para juntar no juízo *a quo* cópia do recurso já interposto e que, portanto, a demonstração de que houve esta juntada teria de ser ainda posterior". A lei, porém, não fixa prazo para que haja esta comprovação. Portanto, de ônus não se pode tratar, porquanto o ônus deve ser cumprido dentro de certo prazo, até para que se possa verificar o seu descumprimento e as conseqüências daí decorrentes.[218]

Destarte, temos que concordar com a corrente que conclui que "[...] a demonstração, no juízo *ad quem*, no sentido de que o ônus do art. 526 não foi cumprido, não é ônus do agravante e não pode ser analisada pelo Tribunal (nem por óbvio pelo relator) como requisito de admissibilidade do recurso".[219]

---

[216] Os documentos que deve o agravante levar ao juízo *a quo*, evidentemente, são aqueles que ainda não constam nos autos principais, ou seja, documentos novos. Exigir a juntada de todos os documentos que instruíram o agravo, mesmo aqueles que já foram retirados do processo principal, serviria apenas para avolumar os autos e onerar a parte.

[217] Assim, por todos: FRANZÉ, op cit., p. 89-90.

[218] WAMBIER, Luiz Rodrigues; WAMBIER, Teresa Arruda Alvim; MEDINA, José Miguel Garcia. *Breves comentários à nova sistemática processual civil*. 3. ed. São Paulo: Revista dos Tribunais, 2005. p. 292.

[219] Ibid., p. 292-293.

Por conseqüência, não se tratando de pressuposto de admissibilidade do recurso, não pode o tribunal, *ex officio*, deixar de conhecer do recurso quando verificar que houve descumprimento do art. 526, nem mesmo quando isso for informado pelo magistrado *a quo*. Aliás, o texto do parágrafo único do indigitado deixa isso claro, exigindo expressamente para que o recurso não seja admitido que a omissão do agravante seja argüida e provada pelo agravado.[220]

4.2.3. Preparo

Requisito extrínseco de admissibilidade recursal consiste o preparo no prévio pagamento das despesas relativas ao processamento do recurso.[221]

O preparo, consoante estabelece o art. 511, há de ser comprovado no ato de interposição do recurso, sob pena de ser este considerado deserto e, por conseguinte, não-conhecido. Tal exigência veio com a alteração trazida pela Lei 8.950/94 ao *caput* do art. 511. No sistema primitivo do Código, o preparo só precisava concretizar-se após a interposição do recurso, o que o distinguia de todos os outros requisitos, intrínsecos e extrínsecos, dos recursos, que já deveriam estar satisfeitos no momento em que fosse formalizada a entrega do recurso.[222]

Passando a lei a fixar o momento em que deve ser comprovado o preparo, exercido o direito de recorrer sem que seja demonstrada a sua efetivação, dar-se-á a preclusão consumativa relativamente a este requisito, isto é, o recorrente não mais poderá juntar a guia comprobatória do pagamento, ainda que o prazo recursal não se tenha esgotado[223] e mesmo que efetivamente tenha sido realizado anteriormente à interposição e simplesmente não demonstrado.[224]

---

[220] Neste sentido: DIDIER JUNIOR, 2002a, p. 225-227.
[221] NERY JUNIOR, op cit., p. 364.
[222] MOREIRA, 1999a, v. 5, p. 386.
[223] NERY JUNIOR, op cit., p. 365.
[224] Em sentido contrário, entendendo que o preparo pode ser comprovado enquanto não esgotado o prazo assinado para a interposição do recurso, não ocorrendo a preclusão consumativa, por todos: DINAMARCO, Cândido Rangel. *A reforma do código de processo civil*. 3. ed. São Paulo: Malheiros, 1996. p. 164.

À parte, ao adiantar-se na interposição do recurso, consumou o seu direito de recorrer, antecipando o termo final do prazo recursal, de sorte que nenhum adendo pode mais fazer. Tal diretriz, consoante afirmou o STJ, se afina com o princípio consumativo dos recursos, segundo o qual, uma vez exercido o direito de recorrer, se opera a preclusão para a prática de qualquer ato relacionado com a interposição do recurso.[225]

O CPC, em seu art. 525, § 1º, prevê expressamente a exigência de preparo para a interposição do recurso de agravo de instrumento. Mesma previsão, contudo, não há para os agravos retido e interno.

No que tange ao agravo retido, há expressa dispensa do preparo pelo parágrafo único do art. 522. Quanto ao agravo interno, há silêncio da lei no que concerne ao preparo, de sorte que podem os regimentos de custas estabelecê-lo, sem, contudo, impingir a pena de deserção, porquanto esta, por tratar-se de matéria de direito processual, é de competência legislativa exclusiva da União, consoante define o art. 22, I, da CRFB.[226]

Há casos, todavia, em que, mesmo para a modalidade de agravo de instrumento, o preparo é dispensado. O § 1º do art. 511 preceitua que são dispensados de preparo os recursos interpostos pelo Ministério Público, pela União, pelos Estados e Municípios e respectivas autarquias; e pelos que gozam de isenção legal.

Não se exige preparo, outrossim, dos beneficiários da assistência judiciária gratuita, consoante determinam os arts. 3º, II, e 9º, da Lei 1.060, de 5.2.1950.

A não-coincidência do encerramento do expediente forense com o do estabelecimento bancário, onde deverá o recorrente efetuar o pagamento do preparo e obter a comprovação a ser acostada aos autos simultaneamente às razões recursais, traz outra dificuldade à exigência do preparo imediato e divide a doutrina.

---

[225] STJ, AI 93.904-RJ, rel. Min. Sálvio de Figueiredo Texeira, j. 13.02.1996, DJU 16.02.1996, p. 3101.
[226] NERY JUNIOR, Nelson; NERY, Rosa Maria Andrade. *Código de processo civil e legislação processual civil extravagante em vigor*. 4. ed. São Paulo: Revista dos Tribunais, 1999. p. 511.

Uma corrente defende que a menor duração do expediente bancário, relativamente à duração do expediente forense, não pode representar encurtamento do prazo recursal, na hipótese de o recorrente interpor o recurso no último dia do seu prazo.[227] Nesse caso, dever-se-á admitir que o preparo seja realizado e comprovado no dia útil imediatamente seguinte ao esgotamento do prazo para a interposição do recurso.[228]

Outra parte da doutrina afirma que não há razão para se excetuar a regra do preparo simultâneo na hipótese de não-coincidência entre expedientes bancário e forense. Isto porque há possibilidade de efetuar o preparo durante todo o curso do prazo recursal, ou seja, a qualquer tempo após a publicação da decisão, devendo apenas haver a comprovação simultaneamente ao ingresso do recurso. Não há, desta forma, encurtamento do prazo recursal, que permanece tendo como limite o encerramento do expediente forense do último dia de sua fluência.[229]

A razão está com a segunda corrente. Não acarreta qualquer diminuição no prazo o encerramento do expediente bancário antes do forense, porquanto é disponibilizada a integralidade do horário de funcionamento do tribunal para a entrega do recurso. O preparo é ato independente, que pode ser realizado em qualquer momento dentro do prazo e por qualquer pessoa, sem necessidade de outorga de poderes, de forma que pode ser delegada aos auxiliares.[230]

No Estado do Rio Grande do Sul, por exemplo, o horário de expediente do foro, de regra, é diverso do horário de funcionamento do Tribunal e ninguém argumentou que o termo final do prazo de interposição do agravo de instrumento pudesse ser prorrogado para o primeiro dia útil subseqüente em virtude de ter sido subtraído do recorrente algumas horas de seu prazo.

Ademais, o encerramento das agências bancárias em seu horário habitual, como afirmou o Pretório Excelso, não pode ser invo-

---

[227] Assim entendem, entre outros, SILVA, op cit., p. 423; MOREIRA, 1999a, v. 5, p. 387.
[228] Neste sentido tem decidido o STJ, a exemplo dos seguintes julgados: REsp 682396/CE, 3ª Turma, rel. Min. Carlos Alberto Menezes Direito, j. 15.12.2005, DJU 15.05.2006, p. 203; REsp 737961/MS, 4ª Turma, rel. Jorge Scartezzini, j. 23.8.2005, DJU 12.09.2005, p. 344.
[229] Neste sentido: ROENICK, op cit., p. 59; GIORGIS, op cit., p. 29.
[230] ALLA, op cit., p. 112.

cado como justo impedimento à prática do ato, capaz de relevar a deserção, porquanto não se verifica a imprevisibilidade exigida pelo art. 183, § 1º.[231]

Na hipótese de insuficiência do preparo efetuado, a deserção não será desde logo decretada. Cabe ao órgão judicial determinar a intimação do recorrente para complementá-lo em cinco dias, consoante estabelece o § 2º do art. 511. Esgotado o prazo sem que tenha sido atendida a determinação, ou havido o preparo por ainda insatisfatório, apesar do reforço, daí sim há de ser decretada a deserção, a requerimento da outra parte ou de ofício.[232]

---

[231] STF-Pleno, AI 209.885/RJ, rel. para o acórdão Min. Marco Aurélio, j. 25.03.1998, DJU 10.05.2002.
[232] MOREIRA, 1999a, v. 5, p. 389..

5. Agravo retido

O agravo retido, que vem previsto nos arts. 522 e seguintes, tem como principal papel evitar a preclusão das decisões proferidas no curso do processo que resolvam questões incidentes, chamadas de interlocutórias pelo CPC (art. 162, § 2º).

Preclusão é a perda, ou extinção, ou consumação de uma faculdade processual que se sofre pelo fato: a) ou de não se haver observado a ordem prescrita em lei ao uso de seu exercício, como os prazos peremptórios, ou a sucessão legal das atividades e das exceções; b) ou de se haver realizado uma atividade incompatível com a intenção de impugnar uma sentença, ou com a propositura de uma exceção incompatível com outra, ou a realização de um ato incompatível com a intenção de impugnar uma sentença; c) ou de já se haver validamente exercido a faculdade (consumação propriamente dita).[233]

Com a interposição do agravo retido, destarte, evita-se que a questão reste definitivamente decidida, possibilitando-se que seja, novamente, ventilada por ocasião do julgamento de eventual apelação.

O agravo retido, assim, é o recurso adequado para impugnar as decisões interlocutórias, salvo se o ato judicial for apto a causar, à parte, lesão grave e de difícil reparação ou nas hipóteses de inadmissão da apelação, ou efeitos em que é recebida, quando então, conforme o art. 522, com a redação dada pela Lei 11.187/05, será admissível o agravo de instrumento.

---

[233] Esta classificação, que pode ser divida em preclusão temporal, lógica e consumativa foi sugerida por Chiovenda (1965, v. 3) em diversas passagens da sua obra.

Não se presta este recurso para atacar as questões urgentes, porquanto só será examinado, como já se referiu antes, quando houver (e se houver) o julgamento do apelo.

Inadequado, outrossim, o agravo retido para impugnar as decisões proferidas no processo de execução ou cumprimento da sentença.[234] Primeiro em razão de que, no mais das vezes, as decisões proferidas serão capazes de produzir "dano imediato e real à parte".[235] Depois porque, embora não se possa negar a existência de sentença no processo de execução,[236] desta dificilmente apela-se, mormente na hipótese de satisfação do crédito com exaurimento dos atos executórios (CPC, art. 794, I), de forma que não subsistirá interesse em se recorrer sob a forma retida.

O mesmo se pode dizer em relação às resoluções pronunciadas em incidentes processuais. É que estes são decididos por decisões interlocutórias não impugnáveis por meio de apelação, de tal sorte que não haverá oportunidade para o exame do agravo retido. Admissível, portanto, tão-somente o agravo de instrumento.[237]

---

[234] Neste sentido: CARNEIRO, Athos Gusmão. Do recurso de agravo ante a Lei 11.187/2005. *Revista Dialética de Direito Processual*, São Paulo, n. 35, p. 9-18, 2006. Também nesta linha: Araken de Assis, que menciona que "Ao examinar o breve catálogo das decisões agraváveis na execução, logo se notará o seu caráter misto, na maioria dos casos, e o cabimento exclusivo do agravo de instrumento" (ASSIS, Araken de. *Doutrina e prática do processo civil contemporâneo*. São Paulo: RT, 2001. p. 269). Ainda no mesmo sentido: MACEDO, op cit., p. 97-110; FREIRE, Rodrigo Cunha Lima. *Notas sobre os recursos no processo de execução*: aspectos polêmicos e atuais dos recursos e outros meios de impugnação às decisões judiciais. São Paulo: Revista dos Tribunais, 2002. p. 449-512; SILVA, Jaqueline Mielke; XAVIER, José Tadeu Neves. *Reforma do processo civil*: leis 11.187, de 19.10.2005; 11.232, de 22.12.2005; 11.276 e 11.277, de 7.2.2006 e 11.280, de 16.02.2006. Porto Alegre: Verbo Jurídico, 2006. p. 27.

[235] ASSIS, Araken de. Observações sobre o agravo no processo de execução. *Revista AJURIS*, Porto Alegre, n. 66, p. 149-159, 1996; MEDINA, José Miguel Garcia. *A recentíssima reforma do sistema recursal brasileiro*: aspectos polêmicos e atuais dos recursos e outros meios de impugnação às decisões judiciais. São Paulo: Revista dos Tribunais, 2002. p. 333-384.

[236] Neste sentido: ASSIS, 1996, p. 149-159.

[237] CARNEIRO, 2006, p. 9-18.

5.1. Procedimento do recurso de agravo retido

O agravo retido, ao revés do que sucede com o agravo de instrumento, será interposto diante do próprio juízo que proferiu a decisão impugnada; mas o seu exame, assim como no agravo de instrumento, será realizado também pelo tribunal.

A sua interposição poderá se dar por petição, ou oralmente, na audiência de instrução e julgamento (art. 523, §§ 3º e 4º), mas em qualquer hipótese, sob pena de não-conhecimento,[238] deve o recorrente individuar a decisão que impugna, bem como expor as razões por que se insurge contra ela, tendo em vista que a necessidade de fundamentação é princípio geral, a que nenhum recurso se subtrai.[239]

De outro lado, justamente por ficar retido nos autos do processo em que prolatada a interlocutória atacada, não carece de que seja apresentado com as peças exigidas para o agravo de instrumento.[240] Verdade é que, no mais das vezes, será interposto sem se fazer acompanhar de qualquer documento, porque os elementos dos autos já serão suficientes para a compreensão da questão. Casos haverá, contudo, em que a juntada de documentos se fará essencial para a elucidação da questão decidida ou para reforçar as razões recursais apresentadas, razão pela qual se tem admitido a eventual produção de prova documental, como, *v.g.*, na hipótese de ter-se que demonstrar a doença do procurador ou da parte impedida de comparecer em determinado ato.

Como já se disse antes (*supra*, 4.2.3), esta modalidade de agravo, por expressa disposição legal, não tem seu conhecimento adstrito ao prévio preparo (art. 522, parágrafo único).

Recebido o agravo, o magistrado deverá intimar a parte adversa para que, querendo, responda no prazo de 10 (dez) dias (art. 523, § 2º). Isto na hipótese de interposição por petição, pois nos casos de oposição oral, a resposta também deverá ocorrer de forma oral, na

---

[238] ALLA, op cit., p. 77.
[239] MOREIRA, 1999a, v. 5, p. 490.
[240] SALLES, op cit., p. 66.

própria audiência,[241] em respeito ao princípio da igualdade das partes na relação processual.[242]

A possibilidade de contra-arrazoar o recurso sempre deve ser concedida ao agravado, mesmo que não tenha o juiz a intenção de retratar-se,[243] sob pena de afronta ao princípio do contraditório consagrado pelo art. 5º, LV, da CRFB. Há, entretanto, quem entenda necessária a intimação da parte adversa para responder apenas quando o juiz incline-se pela retratação.[244]

Retratação é a reconsideração do que restou decidido, levada a efeito pelo próprio juiz prolator da decisão impugnada. O art. 523, § 2º, expressamente concede ao juiz a possibilidade de rever a sua decisão após receber o agravo e ouvir a parte adversa.

Na redação anterior, havia a fixação do prazo de cinco dias para que o juiz exercesse o juízo de retratação. Tal prazo sempre foi visto pela doutrina como mera recomendação para que o juiz não tardasse a se manifestar, já que se tratava de prazo impróprio.[245] Atualmente, não há prazo estipulado para o exercício do juízo de retratação, mas permanece a recomendação para que se dê com brevidade, mesmo porque, inconcebível que venha a ocorrer quando já praticados outros atos no processo, porquanto se consubstanciará a preclusão.[246] Com efeito, as questões surgidas no decorrer do feito não podem ficar indefinidamente em aberto, sob pena de se instaurar a insegurança processual.[247]

Entendendo o juiz por retratar-se, proferirá nova decisão, que não raro causará gravame ao agravado e, no mais das vezes, lhe abrirá oportunidade de insurgir-se, também, por meio de agravo, seja na forma retida ou por instrumento. Nesta hipótese, contudo, não mais

---

[241] WAMBIER, Teresa Arruda Alvim. Anotações sobre o novo regime do agravo. *Revista do Advogado*, São Paulo, n. 48, p. 38-55, 1996b.
[242] SCHWIND, op cit., p. 114-126.
[243] Neste sentido: MOREIRA, 1999a, v. 5, p. 491.
[244] FRANZÉ, op cit., p. 116.
[245] Neste sentido: ALLA, op cit., p. 84
[246] TALAMINI, Eduardo. A nova disciplina do agravo e os princípios constitucionais do processo. *RePro*, São Paulo, n. 80, p. 124-146, 2002.
[247] Cf. WAMBIER; WAMBIER; MEDINA, op cit., p. 285.

será permitido juízo de retratação, operando-se a preclusão para o juízo *a quo*.[248]

Hipóteses podem ocorrer, todavia, em que a nova decisão ponha termo ao processo, qualificando-se, portanto, como sentença[249] e desafiando apelação.[250]

O conhecimento do agravo retido, contudo, está subordinado ao da apelação, tendo em vista que só será examinado, consoante se extrai do art. 523, por ocasião do julgamento de eventual apelo interposto, embora de forma preliminar.

De tal sorte, não havendo nenhuma apelação (nem do agravante, nem do agravado, nem do Ministério Público, nem de terceiro prejudicado, nem remessa *ex officio*), não deverá ser conhecido por ausência de requisito legal básico, porquanto, para que seja apreciado pelo tribunal, deve haver, conforme o § 1º do art. 523, requerimento expresso da parte nas razões ou contra-razões de apelação.[251]

A existência da apelação, como se vê, não é garantia de apreciação do agravo retido. Necessário que a parte que interpôs o agravo em primeiro grau, seja a vencedora ou a vencida, requeira expressamente nas suas razões ou contra-razões de apelação. O silêncio do agravante será interpretado como demonstração de desinteresse, impedindo que o tribunal conheça do agravo, ainda que eventualmente pudesse beneficiá-lo. Ineficaz, impende anotar, o requerimento formulado por outrem (*v.g.* terceiro prejudicado recorrente, Ministério Público), estando somente o agravante legitimado a fazê-lo.[252]

Havendo pedido expresso de apreciação do agravo, o tribunal, então, deverá julgar tanto a apelação como o agravo retido, não se olvidando, como já dito, que o exame deste está condicionado ao conhecimento daquela. De tal sorte, a inadmissibilidade da apelação por ausência de um de seus pressupostos impedirá o julgamento do agravo retido.

---

[248] ALLA, op cit., p. 87.
[249] Por exemplo: rejeitara-se a preliminar de ilegitimidade de parte, ou de coisa julgada, que agora se acolhe.
[250] MOREIRA, 1999a, v. 5, p. 492.
[251] ALLA, op cit., p. 71.
[252] MOREIRA, 1999a, v. 5, p. 483; ALVIM, 2003a.

Oportuna a observação de que inexiste qualquer norma no CPC que expressamente condicione o conhecimento do agravo retido ao da apelação.[253] Entretanto, como tem afirmado com razão a doutrina, se há exigência de que a parte reitere o pedido de apreciação do agravo retido em apelação ou contra-razões, implícito está o ônus de interpor uma apelação tempestiva, preparada etc.

Se a apelação for interposta pela outra parte, o seu não-conhecimento, no mais das vezes, irá retirar o interesse recursal do agravante. Em hipóteses excepcionais que ainda se possa verificar algum interesse do agravante no exame da sua irresignação, a não-apresentação de apelação própria importará na incidência da preclusão.

Verificada a admissibilidade da apelação, passar-se-á para o exame do agravo retido, iniciando pelo juízo de admissibilidade e passando, em seguida, para o juízo de mérito. O agravo retido, dessa forma, por coerência e por aplicação do *caput* do art. 523, deverá ser apreciado em preliminar de apelação.[254]

E a boa técnica manda que seja seu julgamento colocado em destaque, de forma que todos os componentes da câmara ou turma julgadora votem pelo seu conhecimento ou não e pelo seu provimento ou desprovimento. Só após o julgamento do agravo retido é que se deverá seguir para o da apelação, e isto se ainda não estiver esta prejudicada em razão do eventual provimento do agravo retido.

Por exemplo, versando o agravo retido acerca de prova pericial que não foi realizada, deve esta questão ser decidida anteriormente e em destaque da questão trazida pela apelação. Assim, todos os julgadores deverão votar pelo provimento ou não do agravo. Em sendo provido, ou seja, concluindo, *v.g.*, o colegiado que a prova deveria ter sido realizada, e não foi, configurando cerceamento de defesa, restará prejudicado o apelo, cabendo a desconstituição da sentença e o retorno dos autos à origem para a realização da perícia e o posterior prosseguimento do feito em seus ulteriores termos. De outro lado, inadmitido ou desprovido o agravo retido, passará o colegiado imediatamente a examinar a apelação.

---

[253] Cf. FRANZÉ, op cit., p. 126.
[254] Havendo norma própria determinando o exame do agravo retido anteriormente ao julgamento da apelação, descabida da sugestão de Franzé (op cit., p. 126) de aplicação por analogia do art. 559, que se refere ao agravo de instrumento.

5.2. Agravo retido oral

Conforme a atual redação do § 3º do art. 523, dada pela Lei 11.187/2005, das decisões interlocutórias proferidas em audiência de instrução e julgamento, caberá agravo na forma retida, devendo ser interposto oral e imediatamente, bem como constar no respectivo termo (art. 457), nele expostas sucintamente as razões do agravante.

Ao revés do que ocorria na vigência do texto anterior, não conta mais o agravante, nas hipóteses em que a decisão é proferida na audiência, com a possibilidade de interpor o agravo na forma escrita, ainda que retido, nos 10 dias subseqüentes a sua realização.

A ausência de interposição imediata do recurso, como determinado pela lei, determina a preclusão da decisão, não sendo mais permitido à parte manifestar impugnação.[255] E o vocábulo "imediatamente" impõe a interposição do recurso logo após à emissão (e respectivo registro no termo) do ato e antes do prosseguimento da atividade desenvolvida na audiência, sob pena de restar a questão preclusa. Assim, não é dado ao agravante aguardar o fim da audiência. Por exemplo: indeferida a contradita a determinada testemunha, cabe ao sucumbente propor o agravo retido antes que firme o compromisso (art. 415) e passe a ser ouvida.

A exceção que se deve fazer refere-se àquelas decisões que, não obstante proferidas na audiência de instrução e julgamento, sejam suscetíveis de causar à parte lesão grave e de difícil reparação e requeiram imediato reexame. Nestes casos, o agravo de instrumento há de ser admitido,[256] já que o agravo retido não teria qualquer utilidade, porquanto a situação exige pronto reparo, sob pena até de

---

[255] NEVES, Daniel Amorim Assumpção. Recentes alterações do agravo retido – obrigatoriedade de sua interposição de forma oral de decisões interlocutórias proferidas em audiência de instrução e julgamento. *Revista Dialética*, São Paulo, n. 34, p. 18-30, 2006.

[256] Neste sentido; SCHWIND, op cit., p. 114-126. Esta parece ser também a opinião de Carneiro (2006, p. 9-18) e de Wambier, que menciona: "Embora a regra agora seja a da interposição oral de agravo retido quanto às decisões proferidas em audiência, também não se deve, por exemplo, esquecer que nesta fase ou momento processual o juiz pode proferir decisões que geram urgência. Pode negar ou conceder liminar! Aquele que a pleiteou, obviamente, tem urgência em sua concessão. Ademais, não é ocioso lembrar que, sendo a liminar absolutamente descabida, em relação àquele que pretende revogá-la existe uma espécie de urgência *presumida...sempre!*"

perecimento do direito. Nada impede, por exemplo, que em audiência de instrução e julgamento o magistrado defira ou indefira uma antecipação de tutela.[257]

O artigo mencionado, contudo, limitou-se a fazer referência àquelas decisões proferidas na audiência de instrução e julgamento, deixando de fora as que sejam prolatadas na audiência preliminar (art. 331). E questões relevantes podem ser decididas nesse momento, como a fixação dos pontos controvertidos e a determinação das provas a serem produzidas.[258]

A lei, neste caso, disse menos do que deveria,[259] porquanto não há razão para tratamento diferenciado entre as decisões proferidas nas audiências preliminar e de instrução e julgamento.

Todavia, tratando-se de norma restritiva a que determina a interposição do agravo na forma retida e oral, descabido pretender lhe dar interpretação extensiva ou ampliativa[260] com o intuito de fazê-la incidir também para as decisões proferidas na audiência preliminar.[261]

Assim, as decisões proferidas na audiência preliminar podem tanto ser impugnadas por meio do agravo de instrumento como do agravo retido, sendo que ao optar o recorrente por esta última forma de interposição, poderá fazê-lo oralmente ou por escrito.[262]

(WAMBIER, Teresa Arruda Alvim. A nova lei do agravo. *Revista Jurídica Consulex*, São Paulo, ano 10, n. 217, p. 36-39, 31 jan. 2006).

[257] Neste sentido: SILVA; XAVIER, op cit., p. 30.

[258] ROSSI, Júlio César. O novo recurso de agravo: primeiras reflexões sobre a Lei 11.187, de 19 de outubro de 2005. *Revista Dialética de Direito Processual*, São Paulo, n. 35, p. 63-67, 2006.

[259] CARNEIRO, 2006, p. 9-18.

[260] Refere Carlos Maximiliano que "[...] interpretam-se restritivamente as disposições derrogatórias do direito comum." Ressalta o autor a utilidade de tal brocardo que deriva do direito romano – exceptiones sunt strictissima interpretationes - , contudo, adverte "[...] que todo preceito tem valor apenas relativo." (MAXIMILIANO, Carlos. *Hermenêutica e aplicação do direito*. 9. ed. Rio de Janeiro: Forense, 1984. p. 235-236).

[261] Neste sentido também: ROSSI, op cit., p. 63-67; SCHWIND, op cit., p. 114-126.

[262] Neste sentido: Ibid.; loc cit.; Ibid., loc cit.

6. Agravo de instrumento

O agravo de instrumento, conforme se extrai da leitura do art. 522, com a redação dada pela Lei 11.187/05, é o recurso idôneo para impugnar as decisões proferidas no curso do processo, em primeiro grau de jurisdição,[263] que resolvam questões incidentes – chamadas de interlocutórias – e capazes de ocasionar, à parte, lesão grave e de difícil reparação[264] ou nas hipóteses de inadmissão da apelação ou efeitos em que é recebida. *A contrario sensu*, é incabível o agravo de instrumento contra pronunciamentos do juiz sem conteúdo decisório, chamados despachos de mero expediente pelo art. 504,[265] e nem contra as decisões que, malgrado detenham conteúdo decisório, não possuam aptidão de causar à parte dano grave, de difícil reparação.

É, desta forma, o agravo de instrumento o meio apto a levar imediatamente ao tribunal a inconformidade da parte com a decisão proferida no curso do processo, em primeiro grau de jurisdição,

---

[263] Pois, como refere Theotonio Negrão, "[...] contra as decisões proferidas monocraticamente nos Tribunais Regionais Federais, nos Tribunais de Justiça e nos Tribunais de Alçada cabe recurso ao respectivo tribunal, como, p. ex.: arts. 532, 557 (*caput* e § 1º A), LADIN 4º par. ún. e 15 par. ún." (NEGRÃO, op cit., p. 574).

[264] Conforme Arruda Alvim, neste caso (dano de difícil e incerta reparação), trata-se de conceito vago, em que se descreve hipótese que, uma vez configurada, não se aplicará a retenção. "As demais hipóteses de inaplicabilidade de retenção do agravo não são descritas pela lei por conceitos vagos, ou seja, dizem com os casos de decisões interlocutórias relativas à inadmissão da apelação e nos relativos aos efeitos em que a apelação é recebida" (ARRUDA ALVIM. *Notas sobre algumas mutações verificadas com a Lei 10.352/2001*: aspectos polêmicos e atuais dos recursos e outros meios de impugnação às decisões judiciais. São Paulo: Revista dos Tribunais, 2002. p. 61-97).

[265] Como, por exemplo, o despacho que determina a citação no processo de execução (STJ-4ª Turma, REsp. 242.185/RJ, Rel. Min. Fernando Gonçalves, j. 16-09-2004) e aquele que determina a abertura de vista à parte para se manifestar sobre nova planilha de cálculos apresentada pela parte contrária (STJ-2ª Turma, REsp 359.555/CE, Rel. Min. João Otávio de Noronha, j. em 07-03-2006).

que mereça pronto reexame. Ao revés do que sucede com o agravo retido, o agravo de instrumento poderá ser decidido antes de o feito ser sentenciado[266] e alcançará o tribunal independentemente de haver ou não a interposição de um recurso de apelação. Ademais, o art. 558 acena com a possibilidade de o relator atribuir efeito suspensivo ao recurso quando verificar perigo de lesão grave e de difícil reparação.

O agravo de instrumento pode caber no processo de conhecimento (ordinário, sumário ou especial, de jurisdição contenciosa ou de jurisdição voluntária), como no de execução ou no cautelar.[267] Incabível, de outro lado, nos feitos que tramitem sob o rito da Lei 9.099/95 (Juizados Especiais Cíveis).[268]

6.1. Procedimento do recurso de agravo de instrumento

Excepcionando a regra geral do sistema brasileiro de endereçamento dos recursos ao órgão *a quo*,[269] o agravo de instrumento, consoante estabelece o art. 524, deverá ser interposto diretamente no tribunal competente para apreciá-lo. O recurso, todavia, pode ser remetido ao tribunal por meio do correio, sob registro com aviso de recebimento, ou mesmo por outra forma prevista na lei local, consoante autoriza o § 2º do art. 525.

Recebido pelo tribunal, deverá ser distribuído incontinenti ao relator, em observância à primeira parte do art. 527, bem como ao inciso XV do art. 93 da CRFB.[270] O comando não é desproposital, tem o intuito de impedir o mau vezo de alguns tribunais de represar a distribuição de recursos, fazendo-a de pouco em pouco.[271]

---

[266] Poderá, mas nem sempre isso acontecerá, já que há diversas hipóteses em que o agravo de instrumento será interposto após a prolação da sentença. É o caso, *v.g.*, do agravo interposto contra a decisão que deixou de receber a apelação ou que a recebeu apenas no efeito devolutivo.

[267] MOREIRA, 1999a, v. 5, p. 484.

[268] Neste sentido: FPJC (Fórum Permanente dos Juízes Coordenadores dos Juizados Especiais Cíveis e Criminais do Brasil), enunciado n. 15.

[269] MOREIRA, 1999a, v. 5, p. 497.

[270] Preceitua a indigitada norma, incluída pela EC 45/2004: "A distribuição de processos será imediata, em todos os graus de jurisdição".

[271] MOREIRA, 1999a, v. 5, p. 497.

É fundamental, mormente após a última reforma que o reservou apenas a casos urgentes, que o agravo de instrumento, tão logo protocolado no tribunal, seja imediatamente encaminhado ao relator, sob pena, inclusive, de assim não sendo, restar prejudicado.

Examinando os autos, o relator, entendendo que o recurso é manifestamente inadmissível, improcedente, prejudicado, ou que está em confronto com a jurisprudência dominante do respectivo tribunal, do Supremo Tribunal Federal, ou de Tribunal Superior, poderá negar-lhe seguimento, consoante autoriza o *caput do* art. 557.

Vale reforçar que, embora a lei sugira a idéia de imperatividade, a norma, para que possa estar em harmonia com a Constituição, deve ser interpretada no sentido de que se trata de mera faculdade do relator. Isto porque não pode o julgador, excetuando o caso de edição de súmulas vinculantes (art. 103-A da CF), ser obrigado a julgar conforme o entendimento majoritário seja de qual tribunal for.[272]

A negativa de seguimento, como se constata pela leitura da norma, abrange tanto as hipóteses que levariam ao não-conhecimento do recurso, como aquelas que conduziriam ao seu improvimento.[273]

Afastada a hipótese de negativa de seguimento, deve o relator verificar se não é caso de converter o agravo de instrumento em agravo retido. Após a última reforma na sistemática da impugnação das decisões interlocutórias, trazida pela Lei 11.187/05, o agravo de instrumento só é admitido para atacar decisões acerca de questões suscetíveis de causar à parte lesão grave e de difícil reparação ou para os casos de inadmissão da apelação ou efeitos em que é recebida.

O agravo de instrumento passou, desde então, a ter a hipótese de cabimento restringida com as inclusões de novos pressupostos: provisão jurisdicional de urgência, e *periculum in mora*.[274] Entretanto,

---

[272] Neste sentido: WAMBIER, 1996a, p. 104. Também NERY JUNIOR, Nelson. *Atualidades sobre o processo civil, a reforma do código de processo civil brasileiro de 1994*. 2. ed. São Paulo: RT, 1996. p. 189.

[273] DINAMARCO, Cândido Rangel. *A reforma da reforma*. São Paulo: Malheiros, 2002. p. 183.

[274] CARVALHO, Fabiano. *A conversão do agravo de instrumento em agravo retido na reforma do código de processo civil*. [S.l.: s.n, 200-]. Disponível em: <http://www.jus2.uol.com.br>. Acesso em: 25 out. 2005.

ao revés dos outros requisitos de admissibilidade, estes não conduzem ao não-conhecimento do agravo de instrumento, mas sim a sua conversão em agravo retido com a conseqüente remessa dos autos ao juízo de origem.

A seqüência de análise do recurso, impende consignar, há de ser, por questões lógicas, exatamente a que aqui foi sugerida. Ora, só pode ser convertido em retido o agravo de instrumento admitido; isto até por respeito à economia processual.[275]

Poderá o relator, ainda, superadas as possibilidades de negativa de seguimento e de conversão de regime, dar provimento de plano ao recurso, consoante permite o § 1º-A do art. 557, quando verificar que a decisão recorrida está em manifesto confronto com súmula ou com jurisprudência do Supremo Tribunal Federal, ou de Tribunal Superior. A autorização é para que o agravo seja, efetivamente, julgado de forma liminar, sendo dispensada a intimação do agravado para oferecer contra-razões[276] ou qualquer outra providência.

Todas estas decisões – excetuando-se a de conversão de regime[277] – abrem, contudo, a via impugnatória do agravo interno, previsto no § 1º do art. 557, obrigando o exame da adequação do julgamento monocrático pelo órgão colegiado, que, entendendo não se amoldar a hipótese ao permissivo legal, determinará o prosseguimento do agravo de instrumento na forma dos arts. 527 e seguintes.

Não sendo caso de julgamento de plano ou de conversão de regime do agravo, o relator dará seguimento ao recurso, tendo como primeira tarefa examinar eventual postulação de atribuição de efeito suspensivo (arts. 527, III, e 558). O agravo de instrumento, de regra,

---

[275] Contrariamente entendem WAMBIER; WAMBIER; MEDINA, op cit., p. 299.
[276] Em sentido contrário, exigindo a prévia intimação do agravado para responder, FRANCO, Fábio Luis. *Algumas considerações acerca do recurso do agravo pós reforma da reforma*. São Paulo: Revista dos Tribunais, 2003. p. 84.
[277] Neste sentido: WAMBIER, 2006, p. 36-39. Há quem sustente, contudo, ser admissível o agravo interno, sendo inconstitucional qualquer restrição ao uso deste recurso feita por lei ordinária. Pensam assim, entre outros: como FERREIRA FILHO, Manuel Caetano. *Comentários ao código de processo civil*, São Paulo: RT, 2001. v. 7, p. 237; TALAMINI, Eduardo. *Decisões individualmente proferidas por integrantes dos tribunais: legitimidade e controle (agravo interno):* aspectos polêmicos e atuais dos recursos de acordo com a Lei 10.352/2001. São Paulo: Revista dos Tribunais, 2002b. v. 5, p. 279-248. Tratamos sobre a irrecorribilidade da decisão que determina a conversão de regime em capítulo próprio, *supra*, 6.3.

só detém o efeito devolutivo. O relator, contudo, poderá, a pedido do agravante, nos casos de prisão civil, adjudicação, remição de bens, levantamento de dinheiro sem caução idônea e em outros casos dos quais possa resultar lesão grave de difícil reparação, agregar ao recurso também o efeito suspensivo ou deferir, em antecipação de tutela, total ou parcialmente, a pretensão recursal.

Posteriormente, prosseguirá o recurso impulsionado por uma abrandada atividade instrutória do relator.

Mas não se pode olvidar que, neste ínterim, poderá o juiz *a quo*, tomando conhecimento da interposição do agravo de instrumento, retratar-se, devendo informar tal decisão imediatamente[278] ao relator, que julgará prejudicado o recurso (art. 529).

Daí a importância de o agravante cumprir o art. 526, que o manda juntar aos autos do processo principal, no prazo de três dias, cópia da petição do agravo de instrumento e do comprovante de sua interposição, assim como a relação dos documentos[279] que instruíram o recurso. Ademais, o parágrafo único deste artigo refere que o não cumprimento do disposto no *caput*, desde que argüido e provado pelo agravado, importa inadmissibilidade do agravo.[280]

Na instrução do recurso, poderá o relator requisitar informações do juiz *a quo*, se entender pertinentes maiores esclarecimentos, consoante autoriza o inciso I do art. 527. Tais informações, que deverão ser prestadas no prazo de dez (10) dias, não têm o intuito de suprir eventual deficiência na formação do instrumento que possa ser atribuída ao agravante, mas exclusivamente auxiliar o relator e a câmara ou turma no julgamento do recurso.[281]

Na mesma oportunidade, conforme o inciso III do art. 527, determinará o relator a intimação do agravado, na pessoa do seu advogado, para que responda o recurso no prazo de dez (10) dias.

---

[278] Deve ser célere o magistrado na comunicação para evitar a pratica de atos desnecessários e onerosos.
[279] Os documentos que já constam nos autos do processo principal devem ser apenas arrolados; de outro lado, os documentos novos devem acompanhar a petição de que trata o art. 526.
[280] Acerca da inclusão ou não da determinação do art. 526 como pressuposto de admissibilidade do agravo, conferir item 4.2.2.
[281] FRANZÉ, op cit., p. 157.

A intimação far-se-á pelo órgão oficial nas comarcas sede de tribunal e,– embora a norma assim não refira – também naquelas abrangidas pelo sistema de intimação pela imprensa oficial.[282] Nas demais comarcas, os agravados serão intimados por ofício, dirigido ao seu advogado, sob registro com aviso de recebimento.

Não se olvide que os membros do Ministério Público (art. 236, § 2°), da Advocacia-Geral da União (art. 6° da Lei 9.028/95) e da Defensoria Pública (art. 5°, § 5°, da Lei 1.060/50) devem ser intimados pessoalmente, sob pena de nulidade.

Controvérsia surge acerca da necessidade de intimação do agravado quando ainda não tiver integralizado a relação processual. Para alguns, deve ser determinada a intimação pessoal do agravado, ainda que não tenha sido citado.[283] Isto porque não há para o réu recurso que lhe possibilite questionar eventual decisão desfavorável com ampla devolutividade, já que o acórdão que julgar o agravo de instrumento apenas poderá ser impugnado por embargos declaratórios, recurso especial e extraordinário.[284] De tal sorte, a ausência de intimação do agravado ofenderia os princípios do contraditório, da ampla defesa, e da isonomia.[285]

Majoritariamente, contudo, tem-se entendido pela desnecessidade da intimação do agravado quando ainda não fizer parte da relação processual.[286] Argumenta-se que a norma do inciso III do art. 527 fala em intimação do advogado, e não da parte; e que o parágrafo único do art. 296, que trata da apelação contra a sentença que indefere a petição inicial, dispensa a citação do réu.

---

[282] Assim é a 15ª conclusão do CETARS, que menciona: Quando o jornal oficial, destinado as intimações das decisões judiciais, também abrange as do juízo em que lançada a decisão agravada, a intimação a que se refere o inciso III do art. 527 do CPC poderá ser nele publicada, no que diz com as comarcas que não sejam sede do Tribunal.

[283] Neste sentido, ALLA, op cit., p. 128-129.

[284] SPADONI, Joaquim Felipe. *O contraditório no recurso de agravo de instrumento contra decisões indeferitórias de liminares:* aspectos polêmicos e atuais dos recursos de acordo com a Lei 9.756/98, São Paulo: Revista dos Tribunais, 2000. p. 325-326.

[285] WAMBIER, 2000, p. 471.

[286] Neste sentido é a 5ª conclusão do CETARS, que tem a seguinte redação: No procedimento de agravo de instrumento manejado contra decisões indeferitórias de liminares, não há necessidade de citação ou intimação da parte adversa, quando ainda não tenha ingressado na relação processual. Assim também já decidiu a 4ª Turma do STJ no REsp. 189.729-SP, de relatoria do Min. Barros Monteiro.

Sustenta-se, ainda, que se pode o magistrado *a quo*, em homenagem ao princípio da efetividade, deferir uma antecipação de tutela liminarmente, sem a oitiva da parte contrária, sem que isto fira o contraditório e a ampla defesa, com mais razão não há que exigir a intimação do agravado para que o relator julgue o agravo.[287]

Com efeito, em respeito à coerência do sistema, não se pode ter como necessária a intimação do agravado nas hipóteses em que ainda não tiver advogado constituído nos autos. Não há razão para se permitir ao juiz o deferimento de uma liminar sem a oitiva da parte adversa e subtrair tal poder ao tribunal.[288]

Por fim, o relator, nas hipóteses legais (art. 82 do CPC), abrirá vista dos autos ao Ministério Público para que se manifeste (art. 527, IV), também, em dez dias. Trata-se de prazo impróprio, de sorte que seu descumprimento não gerará preclusão ou conseqüência processual de qualquer ordem.[289]

Importa ressaltar que a ausência de intervenção do Ministério Público, nos casos em que a lei a considera obrigatória, conduz à nulidade do processo (art. 84).

Como o agravo de instrumento processa-se inteiramente no tribunal, a intervenção do *parquet* se dará por intermédio de um Procurador de Justiça ou, excepcionalmente, por representante do órgão perante a Corte, que elaborará parecer sobre a causa; ainda que seja o próprio Ministério Público o agravante ou agravado.[290]

Ultimadas as providências dos incisos do art. 527, o relator solicitará a inclusão do processo na pauta de julgamento, consoante estabelece o art. 528. O mesmo artigo ainda determina que esta providência seja levada a cabo "em prazo não superior a trinta (30) dias da intimação do agravado". Em relação a tal determinação, contudo, duas considerações devem ser feitas: por primeiro, há que consignar que de forma alguma o prazo poderá fluir a partir da intimação do agravado para a resposta, mas sim da data em que os autos forem

---

[287] FRANZÉ, op cit., p. 160.
[288] ALVIM, J. E. Carreira. *Agravo no tribunal e réu não-citado*. aspectos polêmicos e atuais dos recursos cíveis e outros meios de impugnação às decisões judiciais. São Paulo: Revista dos Tribunais, 2003b. v. 7, p. 321-373.
[289] Nesse sentido: NERY JUNIOR, 2000, p. 168.
[290] ALLA, op cit., p. 132.

novamente conclusos ao relator;[291] porquanto em muitos casos as providências solicitadas (notadamente a manifestação do Ministério Publico) só restarão cumpridas após o escoamento deste prazo.[292]

Depois, vale referir que se trata de prazo impróprio, nenhuma conseqüência decorrendo com a sua inobservância,[293] devendo ser visto, portanto, como uma séria recomendação para que o agravo receba um célere julgamento no tribunal.[294]

Incluído o processo em pauta,[295] e devidamente publicada esta no órgão oficial (art. 552), será levado à sessão de julgamento, onde será apreciado por três juízes (nos Tribunais de Justiça estaduais e nos Tribunais Regionais Federais), consoante estabelece o art. 555.

No julgamento do recurso de agravo não há revisor. A questão já deu margem a alguma controvérsia, tendo em vista que a anterior redação do art. 555, de forma genérica, fazia menção à figura do revisor. Por outro lado, o art. 551, ao tratar da necessidade de encaminhamento dos autos ao revisor, refere-se apenas aos recursos de apelação e de embargos infringentes, deixando de fora o recurso de agravo. Após a alteração trazida pela Lei 10.352/2001 ao art. 555, retirando do seu texto a menção ao revisor, dúvida não há mais de que o recurso de agravo não carece de revisão.

Não se admite, no julgamento do agravo, sustentação oral (art. 554), não obstante o Estatuto da Advocacia – Lei 8.906/94 – a admita em qualquer recurso ou processo, consoante art. 7º, IX. Ocorre que tal norma restou suspensa liminarmente pelo STF no julgamento da ADIN n. 1.105-7.

Havendo no tribunal agravo de instrumento e apelação referentes ao mesmo processo, deve o julgamento do primeiro preferir o da segunda (art. 559), por questões lógicas. A desobediência de tal

---

[291] Nesse sentido é o Provimento 3, de 16-04-96 do Pres. do Tribunal de Alçada de São Paulo, lembrado por NEGRÃO, Theotonio. *Código de processo civil e legislação processual em vigor*. 30. ed. São Paulo: Saraiva, 1999. p. 549. Esta também é a sugestão de SALLES, op cit., p. 163.
[292] MOREIRA, 1999a, v. 5, p. 503-504.
[293] SALLES, op cit., p. 163.
[294] ALLA, op cit., p. 133.
[295] Há quem defenda que em face do disposto no art. 554, o julgamento do agravo de instrumento independe de pauta. A posição é, contudo, equivocada e amplamente minoritária. Neste sentido cf. Ibid., p. 132

seqüência conduz à nulidade da decisão,[296] a menos que entre o conteúdo dos dois recursos não haja relação de prejudicialidade.[297]

Mais complexo é definir o destino do agravo de instrumento ainda não julgado após a prolação da sentença. A solução deste problema parece depender exclusivamente de se saber se a matéria sobre a qual versa a decisão do recurso é pressuposto lógico da possibilidade de decisão de mérito.[298] Assim, por exemplo, se tratar o agravo sobre a produção de uma prova que foi negada pelo juízo *a quo*, independente de ter sido sentenciado o processo, o recurso há de ser julgado, e, se for provido, ensejará a nulidade da sentença, porquanto o feito deverá ser novamente decidido à luz da prova que deverá ser produzida.[299] O mesmo não ocorreria na hipótese de o agravo ter sido interposto de decisão que indeferiu pedido de produção de prova e o juiz extinguir o processo sem julgamento de mérito em razão, por exemplo, da ilegitimidade ativa. É que neste caso não teria sentido o julgamento do agravo, já que não poderia ter qualquer influência no julgamento do feito ainda que fosse provido.[300]

O acórdão do agravo de instrumento deve necessariamente ser ementado, consoante estabelece o art. 563. A ementa, que nada mais é do que a súmula ou resumo do julgamento, facilita a indexação e a pesquisa.[301]

Deve-se ressaltar, todavia, que, consoante já afirmou o STJ,[302] a ementa não constitui parte integrante do acórdão, prevalecendo o conteúdo deste quando divergirem entre si.

Lavrado o acórdão, serão suas conclusões publicadas no órgão oficial dentro de dez dias; é o que preceitua o art. 564. E, consoante já afirmou o STJ,[303] é da intimação da publicação do acórdão, e não da

---

[296] FERREIRA FILHO, op cit., p. 383.
[297] STJ-4ª Turma, REsp. 46.500-1-BA, Rel. Min. Ruy Rosado, j. 1.11.1994.
[298] WAMBIER, Teresa Arruda Alvim. *O destino do agravo após a sentence*: aspectos polêmicos e atuais dos recursos cíveis e outros meios de impugnação às decisões judiciais. São Paulo: Revista dos Tribunais, 2003. v. 7, p. 687-697.
[299] Ibid., loc cit.
[300] Ibid., loc cit.
[301] CARNEIRO, 1998, p. 71.
[302] STJ-4ª Turma, REsp. 29.154-2-PR, rel. Min Sálvio de Figueiredo, j. 17-11-1992, publicado no DJU 1º-02-1993, p. 466, 2ª col., em.).
[303] STJ-1ª Turma, AgRg no Ag 242107/DF, rel. Min. José Delgado, j. 25.04.2000, DJU 22.05.2000, p. 82.

simples notícia do julgamento – ainda que esta consigne minuciosamente tudo que restou decidido –, que flui o prazo para a interposição de eventual recurso.

Antes disto, contudo, deve ser informado ao juiz *a quo*, prolator da decisão recorrida, o resultado do julgamento. Em virtude da importância de que esta comunicação ocorra o mais rápido possível, inviável, na maioria dos casos, que se remeta ofício juntamente com a cópia do acórdão, como sugere parte da doutrina,[304] podendo ficar tal providência para um segundo momento. Recomendado, inclusive, que em casos urgentes a comunicação seja feita via fac-símile ou mesmo por telefone.[305]

Transitado em julgado o acórdão, os autos deverão ser arquivados. Como o agravo de instrumento processa-se inteiramente dentro do Tribunal, devem os autos nele ficar arquivados.[306] A remessa dos autos ao primeiro grau, como querem muitos, não se justifica.[307] Além de ser mais onerosa, servirá apenas para avolumar os autos do processo principal e em pouco ou nada contribuirá para o julgador singular, que já terá tomado conhecimento das razões do recurso, em razão da exigência do art. 526, bem como do seu resultado.

6.2. Efeitos do agravo de instrumento

O agravo de instrumento, em princípio, pelo que se extrai da leitura do art. 497, contém apenas o efeito devolutivo,[308] que é aquele que, simplesmente, determina que a matéria seja novamente sub-

---

[304] Cf., por todos, SALLES, op cit., 169.
[305] ALLA, op cit., p. 133.
[306] Neste sentido: DINAMARCO, 1996, p. 197; WAMBIER, 1996a, p. 165.
[307] Neste sentido: ALVIM, 2003a, 139-140; ALLA, op cit., p. 133.
[308] O nome *efeito devolutivo* está relacionado às origens históricas do fenômeno. Isto porque era o Soberano que tinha poderes para decidir todas as causas. Todavia, delegava tal poder a prepostos (juízes). Contudo, quando as partes se inconformavam interpunham o recurso que iria provocar o exame da questão pelo Soberano, ou seja, a devolução da matéria para aquele originariamente competente (WAMBIER, 1996a, p. 192). Nos dias atuais, segundo sugere Mendonça Lima, deveria empregar-se o termo *transferência*, ao invés de *devolução*, já que o exame da questão apenas é transferido entre os órgãos do Poder Judiciário, que já é o poder originariamente

metida ao Poder Judiciário.[309] A sua interposição, de tal sorte, não impede que a decisão interlocutória agravada continue plenamente eficaz, exigindo imediato cumprimento de suas estipulações.[310]

De fato, a regra do art. 497 permite que o processo em primeiro grau prossiga em seus ulteriores termos, enquanto a decisão interlocutória que inconformou alguma das partes é reexaminada pelo Tribunal.

Há hipóteses, entretanto, que o cumprimento da decisão importa, na prática, tornar inútil o eventual provimento do agravo, porquanto já se terá produzido, para o agravante, dano de difícil ou impossível reparação. Daí a necessidade de introduzir-se tal ou qual temperamento,[311] sob pena de tornar-se o agravo de instrumento recurso inefetivo.

Com esse intuito – e também com intenção de pôr fim ao mau vezo, que se tornou habitual, de impetrar mandado de segurança com o objetivo único de obter efeito suspensivo para o agravo, até o respectivo julgamento, em hipóteses não previstas em lei, sob a alegação de que, sem isso, o litigante sofreria dano injusto e irreparável[312] –, foi que a Lei 9.139/95 alterou a original redação do art. 558, passando a dar poderes ao relator para atribuir também o efeito suspensivo ao agravo em casos dos quais possa resultar lesão grave e de difícil reparação, tais como os de prisão civil, adjudicação, remição de bens, levantamento de dinheiro sem caução idônea, desde que relevante à fundamentação.

A atribuição do efeito suspensivo, como se depreende dos arts. 527, III, e 558, não pode ser concedida de ofício pelo relator, dependendo de requerimento do agravante, que pode ser formulado na própria petição de agravo ou em separado.[313]

---

competente (LIMA, Alcides de Mendonça. *Introdução aos recursos cíveis*. São Paulo: RT, 1976. p. 286).
[309] WAMBIER, 1996a, p. 191.
[310] CARNEIRO, 1998, p. 81.
[311] MOREIRA, 1999a, v. 5, p. 650.
[312] Ibid., p. 652.
[313] Neste sentido, admitindo a postulação em petição separada, MOREIRA, 1999a, v. 5, p. 652. Em sentido contrário, sob o argumento de que a postulação do efeito suspensivo em petição separada não se adapta ao novo sistema recursal, ALVIM, 2003a, p. 161, nota 38.

Em razão de o art. 558 falar apenas em *suspensão* do cumprimento da decisão, instaurou-se controvérsia em relação à possibilidade ou não de o relator ordenar a prática de ato, em hipóteses em que havia sido denegada pela decisão agravada, ou seja, atribuir ao agravo o que se convencionou chamar de "efeito ativo".

A doutrina mais autorizada,[314] interpretando a norma processual da maneira que melhor atende a sua finalidade, levando em consideração as variáveis dos casos concretos, respondia que sim; malgrado o teor literal da disposição apontasse em sentido contrário, já que no rigor da lógica não há como "suspender" a eficácia de pronunciamento negativo, nem seria adequado construir tal "suspensão" à maneira de providência tendente a substituir a negação por afirmação.

A lei, na hipótese, *minus dixit quam voluit*. Certamente o juiz, pelo poder geral de cautela, poderia tornar positiva a decisão denegatória, "[...] e cuja só suspensão, exatamente porque negativa a decisão agravada, nenhum sentido prático ou lógico conteria".[315]

A Lei 10.352/01, que alterou diversos dispositivos do CPC, deu fim ao debate. Agora o inciso III do art. 527 preceitua que o relator "poderá atribuir efeito suspensivo ao recurso (art. 558), ou deferir, em antecipação de tutela, total ou parcialmente, a pretensão recursal, comunicando ao juiz sua decisão".

Ficou claro no novo texto do inciso III do art. 527 que o relator tem poderes de antecipação de tutela no tocante ao objeto do recurso, e não apenas o poder de dar efeito suspensivo ao agravo.[316]

Diverge a doutrina acerca do caráter obrigatório, ou não, da atribuição do efeito suspensivo quando presentes os requisitos legais.

Defendem alguns[317] que se fazendo presentes os pressupostos autorizadores da atribuição do efeito suspensivo, deve o relator de-

---

[314] Neste sentido: MOREIRA, 1999a, v. 5, p. 653; ZAVASCKI, op cit., p. 112; ALVIM, 2003a, p. 162-164.

[315] FADEL, Sérgio Sahione. *As alterações do CPC Relativas a Recursos:* a Reforma do CPC, São Paulo: Saraiva, 1996. p. 613-636.

[316] THEODORO JÚNIOR, Humberto. *Inovações da Lei 10.352/200, em matéria de recursos cíveis e duplo grau de jurisdição:* aspectos polêmicos e atuais dos recursos e outros meios de impugnação às decisões judiciais. São Paulo: Revista dos Tribunais, 2002. p. 263-284.

[317] Entre eles: ALVIM, 2003a, p. 161; FRANZÉ, op cit., p. 103-105, WAMBIER, 2000, p. 258.

feri-lo. Ou seja, sendo relevante a fundamentação e reconhecendo o relator que do cumprimento da decisão agravada possa resultar lesão grave e de difícil reparação ao agravante, não lhe resta alternativa senão atribuir ao agravo de instrumento o efeito suspensivo. Tem o agravante, de tal sorte, direito subjetivo à suspensão, não ficando esta inteiramente confiada ao arbítrio do relator.

Outra corrente[318] sustenta que a lei não obriga o relator a conferir o efeito suspensivo ao recurso, ainda que verifique a presença dos requisitos previstos no art. 558. Há, assim, verdadeiro poder discricionário do relator. Isto porque a lei se vale de "[...] conceitos jurídicos indeterminados ('lesão grave e de difícil reparação', fundamentação 'relevante'), cuja determinação *in concreto*, como não poderia deixar de ser, é tarefa confiada ao relator, na qual com certeza atuará boa dose de subjetividade".[319]

Nem mesmo para as hipóteses que aparecem específica e objetivamente arroladas no art. 558, como, *v.g.*, as de prisão civil e adjudicação, se pode encontrar, no dispositivo, determinação, endereçada ao relator, para que suspenda o cumprimento da decisão. Se esta fosse a intenção da lei, deveria ter sido redigida de forma diversa, determinando claramente que o agravo de instrumento nestes casos seria dotado também de efeito suspensivo.

Assim, conforme esta corrente, tem o juiz arbítrio para decidir. Cabe-lhe dar efeito suspensivo ao agravo, nestes casos, "a seu talante". "Não é um direito assegurado ao vencido recorrente, porquanto ao juiz se outorga a faculdade de deliberar se é, ou não, possível, sustar a execução da ordem".[320]

A razão, certamente, está com a outra corrente. Não se pode confundir discricionariedade com a liberdade de que goza o juiz na fixação de conceitos jurídicos indeterminados, como, *v.g*, perigo iminente, boa-fé, atos de mera permissão ou tolerância.[321] Na discricionariedade se admite, em princípio, uma pluralidade de soluções. Para o juiz, contudo, não há vários caminhos dentre os quais pode, indiferentemente, escolher um, sendo todos juridicamente lícitos e

---

[318] Neste sentido: MOREIRA, 1999a, v. 5, p. 652.
[319] Ibid., loc cit.
[320] LIMA, op cit., p. 294.
[321] MOREIRA, José Carlos Barbosa. *Regras de experiência e conceitos jurídicos indeterminados*, Temas de direito processual. 2. ed. São Paulo: Saraiva, 1988. p. 61 e ss.

queridos pela norma. Para o magistrado, há uma solução que há de ser tida como correta: a desejada pelo legislador e "determinada" pela norma, ainda que o caminho para que se chegue até ela não seja dos mais fáceis.[322]

É verdade que "[...] a ponderação é inerente à função de julgar. Não há critério algum, por mais rígido e objetivo, que elimine totalmente o subjetivismo nas decisões judiciais".[323] O que se quer dizer é que não pode o relator, no caso concreto, verificar que se fazem presentes os requisitos legais, mas indeferir a atribuição do efeito suspensivo, porquanto estaria ferindo o princípio da legalidade.

Não se pode confundir discricionariedade que tem o administrador público com liberdade de investigação crítica, inerente à atividade judicial. A discricionariedade corresponde a um tipo de atividade mental realizada por aquele que aplica a lei, quando esta não determina de modo concreto e específico como atingir o fim querido pelo texto legal. Esta atividade é desenvolvida dentro de certo resíduo de liberdade, e é possível haver, em face da lei, diversas soluções tidas como corretas. A liberdade de investigação, embora se manifeste por uma pluralidade de soluções propostas, dirige-se, sempre, à única solução válida, pois que pode ser oposta a qualquer outra que dela divirja.[324]

O preenchimento de conceito vago, por meio de atividade mental de natureza interpretativa, ainda que extremamente difícil, não se confunde com discricionariedade. A norma que enseja exercício de poder discricionário comporta diversas possíveis "saídas". A norma que demanda esforços interpretativos para ser entendida e aplicada não foi criada com o intuito de gerar dualidade ou pluralidade de soluções, mas, ao revés, quer gerar uma só solução.[325]

---

[322] WAMBIER, Teresa Arruda Alvim. Novos contornos do recurso de agravo. *Revista de Processo – RePro*, São Paulo, n. 80, p. 111-124, 1995.
[323] PEÑA, Eduardo Chemale Selistre. *Breve Contribuição à reforma do judiciário: a inclusão do requisito da relevância para a redução do volume de processos no Supremo Tribunal Federal e no Superior Tribunal de Justiça:* a reforma do poder judiciário. São Paulo: Quartier Latin, 2006. p. 140.
[324] WAMBIER, 1996a, 381-382.
[325] Ibid., loc cit.

A decisão que defere ou indefere o pedido de efeito suspensivo não é passível de impugnação via recursal.[326] [327] O agravo de que trata o § 1º do art. 557 – chamado de agravo interno – se presta apenas para impugnar a decisão do relator que negar seguimento ou der provimento de plano a recurso. De outro lado, os agravos previstos nos regimentos internos dos tribunais (agravos regimentais) só são admissíveis quando previstos na lei ordinária (ou lei de igual ou maior hierarquia), como ocorre no caso do art. 39 da Lei 8.038/90. Isto porque, ao regimento interno não cabe criar recurso, já que a competência para legislar sobre direito processual é conferida pelo art. 22, I, da CRFB, ao Poder Legislativo da União.

O argumento de que o agravo regimental não seria propriamente um recurso, mas apenas um meio de integrar a vontade do colegiado que o relator representa por delegação,[328] não se coaduna com a compreensão que se tem atualmente de "tribunal", bem como das competências do relator.

O art. 101, *caput*, § 4º, da LC 35/79 admite a divisão dos tribunais em órgãos fracionários como câmaras, turmas e seções, cada qual funcionando como o próprio tribunal.[329] "Essa norma deita por terra a tese da unidade do Tribunal. Ele é apenas uno nas suas frações e a menor delas, em alguns casos, particularmente na hipótese do art. 558, chama-se 'relator'".[330]

---

[326] Em sentido contrário: TALAMINI, 2002b, v. 5, p. 179-248; ALVIM, 2003a, 161; MOREIRA, 1999a, v. 5, p. 654.

[327] E tal norma está em plena consonância com as tendências do processo civil moderno. Consoante menciona Couture, "la tendencia de nuestro tiempo es la de aumentar los poderes del juez y disminuir él número de recursos; es el triunfo de una justicia pronta y firme sobre la necesidad de una justicia buena pero lenta" (COUTURE, op cit.).

[328] Argumento acolhido pela 1ª Turma do STF no julgamento do Ag. 247.591-RS, em 14-03-2000, Rel. Min. Moreira Alves e com o qual concorda TALAMINI, 2002b, v. 5, p. 179-248.

[329] Cf. Moniz de Aragão, seja qual for a sua divisão interna, o tribunal é sempre uno, mesmo quando por "[...] um de seus membros integrantes, os quais, agindo isoladamente, se assim determinar a lei interna, são o próprio colégio judiciário, que fala por intermédio de seus juízes, no caso o presidente ou o relator". (ARAGÃO, Egas Dirceu Moniz de. Do agravo regimental. *Revista dos Tribunais*, São Paulo, v. 315, p. 130, 1962).

[330] ASSIS, Araken de. *Introdução aos sucedâneos recursais:* aspectos polêmicos e atuais dos recursos e outros meios de impugnação às decisões judiciais. São Paulo: Revista dos Tribunais, 2002. p. 49.

Assim, o relator ao julgar, singularmente, recursos (art. 557) ou atribuir-lhes efeito suspensivo (art. 558) é o próprio tribunal,[331] e não apenas delegado deste.[332] Até porque "[...] as competências não podem ser 'delegadas', uma vez que o poder de julgar não pertence ao juiz, mas ao Estado – cumprindo a este, mediante legislação pertinente, atribuir o exercício da jurisdição aos ocupantes dos cargos ali indicados".[333] E não se encontram normas delegando[334] esta ou aquela competência ao relator, mas sim lhe atribuindo, verdadeiramente, competência para julgar, como ocorre nas hipóteses dos arts. 557 e 558.[335-336]

Ademais, o parágrafo único do art. 527, com a redação dada pela Lei 11.187/05, deixou claro tratar-se de decisão irrecorrível a que concede ou não efeito suspensivo ou ativo ao agravo. Preceitua a norma que a decisão acerca do efeito suspensivo do agravo somente é passível de reforma no momento do julgamento do agravo, salvo se o próprio relator a reconsiderar.

---

[331] Sérgio Cruz Arenhart também concorda com este entendimento, tendo afirmado que nenhuma restrição existe a que se confira ao relator, que também é um dos órgãos do tribunal, poderes para julgar monocraticamente qualquer espécie de recurso, nem mesmo se exigindo possibilidade de recurso para órgão colegiado (ARENHART, Sérgio Cruz. *A nova postura do relator no julgamento dos recursos. RePro*, São Paulo, n. 103, p. 37-58, 2001).

[332] Em sentido contrário pensa Tesheiner, para quem "[...] a Constituição não constituiu tribunais, órgãos colegiados, para que funcionem monocraticamente. Ao conferir atribuições ao relator, a lei ou o regimento interno não retiram, do respectivo órgão colegiado, qualquer competência." (TESHEINER, José Maria Rosa. *Recurso das decisões do relator.* [S.l.: s.n, 200-a]. Disponível em: <http://www.tex.pro.br>. Acesso em: 10 nov. 2005). Também: ALMEIDA, op cit, p. 375-435.

[333] DINAMARCO, Cândido Rangel. *Instituições de direito processual civil.* São Paulo: Malheiros, 2001. v. 1, p. 327.

[334] E, consoante refere De Plácido e Silva, "A delegação pública, conferida a autoridades ou aos poderes públicos, é sempre autorizada pela própria lei, em virtude de princípio instituído no Direito Constitucional. E se indica a soma de poderes atribuídos a um poder ou autoridade pública para desempenho de suas funções políticas ou administrativas" (DE PLÁCIDO E SILVA, *Vocabulário jurídico*. Ed. eletrônica. São Paulo: Forense, 1999. verbete "delegação").

[335] Carneiro, refutando a tese da delegação, menciona que "[...] o relator, em casos tais, não estará decidindo por 'delegação' do colegiado a que pertence, mas sim exerce poder jurisdicional que lhe foi outorgado por lei". (CARNEIRO, Athos Gusmão. *Poderes do relator e agravo interno: arts. 557, 544 e 545 do CPC: Revista Síntese de Direito Civil e Processual Civil*, Porto Alegre, n. 6,:p. 9-18, jul./ago. 2000. p. 14).

[336] ASSIS, 2002, p. 13-60.

Em que pese haver certa incongruência na redação da lei – porquanto fixa um momento para que possa ser revista a questão, quando nenhuma utilidade para o recorrente poderá ter eventual alteração[337] –, o certo é que ela praticamente colocou fim à controvérsia acerca da recorribilidade, ou não, da decisão que examina a postulação de atribuição de efeito suspensivo ao agravo.

A norma, todavia, por muitos tem sido taxada de inconstitucional.[338] Argumenta-se que é necessário haver um mecanismo capaz de conduzir a questão abordada pelo recurso ao seu "juiz natural":[339] o órgão colegiado. Isto porque, o relator, quando decide solitariamente, não é senão um "porta voz" do colegiado: o que ele diz, supõe-se que diga antecipando a decisão do colegiado. Ao interessado deve-se ressalvar, por isso, um meio de controle, apto a mostrar se aquela decisão realmente corresponde ao entendimento do órgão "representado".

Contudo, como já mencionado anteriormente, o relator, ao julgar, singularmente recursos (art. 557) ou atribuir-lhes efeito suspen-

---

[337] Wambier chega a dizer que "[...] certa dose de cinismo há na redação da lei, que não diz expressamente que não cabe recurso destas decisões, mas fixa um momento para que se redecida o assunto, em que eventual alteração do teor da decisão anteriormente proferida seria de integral imprestabilidade para o recorrente" (WAMBIER, 2006, p. 39).

[338] Assim: TALAMINI, 2002b, v. 5, p. 279-248; NASCIMENTO, Bruno Dantas do. *Inovações na regência do recurso do agravo:* aspectos polêmicos e atuais dos recursos cíveis. São Paulo: Revista dos Tribunais, 2006. v. 9; MOREIRA, José Carlos Barbosa. *Algumas inovações da Lei 9.756/98 em matéria de recursos cíveis:* aspectos polêmicos e atuais dos recursos de acordo com a Lei 9.756/98. São Paulo: Revista dos Tribunais, 1999b, p. 324.

[339] Como mencionamos em artigo recentemente publicado, "A imparcialidade do juiz, mais do que simples atributo da função jurisdicional, é vista nos dias atuais como seu caráter essencial. Não por outra razão que tem sido eleita por parte da doutrina como a pedra de toque do ato jurisdicional, servindo para diferenciá-lo dos demais atos estatais. Para assegurar a imparcialidade (e a independência) do juiz é que a maioria das Constituições contemporâneas consagra o Princípio do Juiz Natural, exigindo que a designação do julgador se dê anteriormente à ocorrência dos fatos levados a julgamento e feita de forma desvinculada de qualquer acontecimento concreto ocorrido ou que venha a ocorrer. Juiz Natural, assim, é aquele que está previamente encarregado como competente para o julgamento de determinadas causas abstratamente previstas" (PEÑA, Eduardo Chemale Selistre. *O princípio do juiz natural.* [S.l.: s.n, 200-]. Disponível em: <http\\www.tex.pro.com.br>. Acesso em: 1º maio 2006).

sivo (art. 558), é o próprio tribunal, e não apenas delegado deste.[340] A lei, nestes casos, atribui competência ao próprio relator, não havendo necessidade de sua decisão ser chancelada pelo colegiado do qual é integrante.

Desta forma, não há qualquer afronta ao princípio do juiz natural,[341] porquanto o exame da questão terá sido realizado pelo órgão previamente definido como competente para tanto: o tribunal, presentado pelo relator.

Destarte, o que resta à parte "[...] é formular um pedido de reconsideração, eventualmente apresentar embargos de declaração, e, em casos mais graves, em que o erro do tribunal seja gritante, impetrar mandado de segurança".[342]

6.3. Conversão do agravo de instrumento em agravo retido

O agravo de instrumento, conforme se extrai da leitura do art. 522, com a redação dada pela Lei pela Lei 11.187/05, é o recurso idô-

---

[340] Em sentido contrário pensa Tesheiner ([200-a]), para quem "[...] a Constituição não constituiu tribunais, órgão colegiados, para que funcionem monocraticamente. Ao conferir atribuições ao relator, a lei ou o regimento interno não retiram, do respectivo órgão colegiado, qualquer competência".

[341] Na atual Constituição, o princípio é extraído da interpretação do inciso XXXVII, do art. 5º, que preceitua que "Não haverá juízo ou tribunal de exceção" e também da exegese do inciso LIII, que reza: "Ninguém será processado nem sentenciado senão pela autoridade competente." Completam o arcabouço de consagração do princípio as garantias outorgadas aos juízes de vitaliciedade, inamovibilidade e irredutibilidade de subsídios, previstas no *caput* do art. 95 da Constituição Federal (PEÑA, [200-]).

[342] WAMBIER, 2006, p. 39. Acerca do cabimento do mandado de segurança conferir item seguinte (6.3). O Tribunal de Justiça do Rio Grande do Sul, entretanto, diz ser incabível Mandado de Segurança contra decisão proferida por desembargador em agravo de instrumento. Sustenta-se não ser o Tribunal, por qualquer de seus órgãos, competente para rever ato de órgão fracionário seu (inclusive do relator), porquanto não existe hierarquia entre estes. Neste sentido: TJRS-Pleno, Mandado de Segurança 70000682518, Rel. Des. Osvaldo Stefanello, j. 17.04.2000. De outro lado, contudo, o STJ diz que a interpretação do art. 21, VI, da LOMAN, o mandado de segurança impetrado em ataque a ato de Desembargador deve, necessariamente, ser julgado pelo respectivo Tribunal (STJ-3ª Turma, RMS 19.588/RS, rel. Min. Castro Filho, j. 13.12.2005, DJU 20.02.2006, p. 329).

neo para impugnar as decisões proferidas no curso do processo, em primeiro grau de jurisdição, chamadas interlocutórias, capazes de ocasionar, à parte, lesão grave e de difícil reparação ou nas hipóteses de inadmissão da apelação ou efeitos em que é recebida. *A contrario sensu*, é incabível o agravo de instrumento contra pronunciamentos do juiz que não tenham aptidão de causar à parte dano grave, de difícil reparação. Nestas hipóteses, é adequada a interposição do agravo retido.

Entretanto, a interposição de agravo de instrumento fora das hipóteses que recomendem urgência não dará ensejo a sua inadmissibilidade, mas sim à determinação de conversão para o regime do agravo retido. Isto resta claro no inciso II do art. 527, com a redação dada pela Lei 11.187/05, que dispõe que o relator "converterá o agravo de instrumento em agravo retido, salvo quando se tratar de decisão suscetível de causar à parte lesão grave e de difícil reparação, bem como nos casos de inadmissão da apelação e nos relativos aos efeitos em que a apelação é recebida, mandando remeter os autos ao juiz da causa".

Destarte, a parte recorrente deve optar pela retenção, se não houver urgência, e, feita equivocadamente a opção, deve o relator converter o agravo de instrumento em agravo retido, determinando a remessa dos autos à origem para que sejam apensados aos principais.

Contudo, se ao examinar o recurso o relator, de imediato, sem maiores dificuldades, verificar que é inadmissível, ou manifestamente improcedente, deve negar-lhe seguimento. Ora, só pode ser convertido em retido, o agravo de instrumento admitido. Ademais, como antes mencionado, seria contraproducente converter o recurso, permitindo-se que novamente seja trazido ao tribunal juntamente com a apelação, se evidente, por exemplo, a sua intempestividade.[343]

O mesmo se pode dizer relativamente à possibilidade de provimento de plano; sendo flagrante que a decisão contraria jurisprudência ou súmula dos tribunais superiores, indicado, em homenagem à celeridade, o provimento de plano do recurso com fundamento no art. 557, § 1°A, do CPC.

---

[343] Contrariamente entendem WAMBIER; WAMBIER; MEDINA, op cit., p. 299.

Há que atentar, ainda, como já alertou a doutrina,[344] para não confundir o juízo de admissibilidade do agravo de instrumento – que agora inclui o exame da existência, ou não, da possibilidade de lesão grave, de difícil reparação –, com o juízo de mérito, naquelas hipóteses em que se impugna a decisão indeferitória da antecipação de tutela, que tem entre seus requisitos o perigo de dano irreparável ou de difícil reparação.

Com efeito, descabida a conversão em agravo retido de um agravo de instrumento que impugna decisão acerca do pedido de antecipação de tutela,[345] porquanto tal ato, invariavelmente, exigirá urgência em sua revisão,[346] não tendo qualquer utilidade o seu reexame apenas quando do julgamento de eventual apelação.[347]

Assim, verificando o tribunal que não há urgência *in concreto* deverá negar seguimento ou provimento ao agravo de instrumento, e não convertê-lo em agravo retido.[348]

Vale ressaltar, outrossim, que, a despeito da relativa coincidência,[349] os requisitos para que o agravo tome a forma de instrumento não se confundem com aqueles exigidos para a concessão do efeito suspensivo (art. 558). Se assim fosse, ter-se-ia que admitir que todo

---

[344] Assim: AMARAL, op cit. O articulista examina, em especial, a decisão proferida no Agravo de Instrumento n. 70014147656, da 16ª Câmara Cível, de relatoria do Exmo. Des. Claudir Fidélis Faccenda, que determinou a conversão em agravo retido do agravo de instrumento interposto contra a decisão que indeferiu o pedido de antecipação de tutela para não inclusão do nome do autor em órgãos de proteção ao crédito.

[345] Sem razão, assim, Macedo, ao referir que se deve diferenciar a motivação do pleito de antecipação de tutela, decidido pelo juiz de primeiro grau, do fato caracterizador da admissibilidade do recurso como sendo de instrumento (MACEDO, op cit., p. 97-110).

[346] Cf. mencionou Wambier, referindo-se especificamente sobre as decisões liminares (que não raro antecipam a tutela), aquele que pleiteou a liminar, "[...] obviamente, tem urgência em sua concessão. Ademais, não é ocioso lembrar que, sendo a liminar absolutamente descabida, em relação àquele que pretende revogá-la existe uma espécie de urgência *presumida*...sempre!" (WAMBIER, 2006, p. 38).

[347] Como mencionam Silva e Xavier, "[...] há hipóteses em que, invariavelmente, não há como ser interposto o agravo na modalidade retida, não havendo como generalizar-se a aplicação da norma. É a hipótese das decisões proferidas em sede de tutela de urgência (decisões concedendo ou negando liminares" (SILVA; XAVIER, op cit., p. 27).

[348] AMARAL, op cit.

[349] Expressão utilizada por Alvim e Martins (op cit., p. 133-178).

agravo de instrumento conteria o efeito suspensivo. Ou seja, admitindo o agravo de instrumento, o relator, conseqüentemente, deveria atribuir-lhe o efeito suspensivo.

O perigo de lesão que é referido tanto no art. 522 como no art. 558, *caput*, comporta graus,[350] sendo que aquele que se requer para a obtenção de efeito suspensivo há de ser mais agudo, ou mais imediato,[351] do que aquele necessário para que o agravo seja de instrumento.[352]

Para que o agravo seja de instrumento, é suficiente a demonstração de que o reexame da questão não pode aguardar que a sentença seja proferida e que eventual recurso de apelação chegue ao tribunal. De outro lado, para que o se atribua o efeito suspensivo ao agravo, mister se faz a prova de que o recorrente não pode esperar até o julgamento pelo colegiado.[353]

Ademais, para a concessão do efeito suspensivo exige-se que haja relevância na fundamentação (art. 558, *caput*), requisito que não se faz necessário para a admissão do agravo de instrumento.[354]

Assim, poderá haver casos em que será admissível o agravo de instrumento, mas não se lhe atribuirá o efeito suspensivo,[355] porquanto o risco não será tão grave a ponto de autorizar-lhe.[356]

Sem razão àqueles que entendem que a opção equivocada pelo agravo de instrumento conduziria a negativa de seguimento do recurso.[357] Conceitos jurídicos indeterminados (lesão grave e de difícil

---

[350] MEDINA, 2002, p. 333-387.
[351] Cf. SICA, Heitor Vitor Mendonça. Segundas reflexões sobre a nova lei do agravo. *Revista do Advogado*, São Paulo, n. 85, p. 149-158, 2006.
[352] Assim: MEDINA, 2002, p. 333-384; WAMBIER, 2006, p. 36-39.
[353] Assim: SICA, op cit., p. 149-158.
[354] MEDINA, 2002, p. 333-384.
[355] Neste sentido: ALVIM; MARTINS, op cit., p. 133-178; MEDINA, 2002, p. 333-384; WAMBIER, 2006, p. 36-39.
[356] Medina dá como exemplo o agravo interposto contra a decisão que rejeitou exceção de incompetência relativa. O recurso não deveria ser convertido em agravo retido, porquanto seria contraproducente, já que se vier a reconhecer a incompetência apenas quando julgada a apelação, teria que se decretar a nulidade de todos os atos decisórios. Mas é duvidoso que nesse caso se estará diante de risco suficiente para a atribuição de efeito suspensivo ao recurso (MEDINA, 2002, p. 333-384).
[357] Entre os quais: FERREIRA FILHO, Manuel Caetano. *Considerações sobre a Lei 11.187, de 19.10.05, que altera a disciplina do agravo de instrumento*: aspectos polêmicos e atuais dos recursos cíveis. São Paulo: Revista dos Tribunais, 2006. v. 10.

reparação) definem o regime ou o procedimento ao qual o recurso obedecerá, de tal sorte que atuará sempre o relator com elevado grau de subjetividade ao examinar a presença de tais requisitos e, por conseqüência, o cabimento ou não do agravo de instrumento. Assim, não parece de bom-senso deixar ao alvedrio do relator, sem possibilidade de recurso, o poder de, sem exame da questão de fundo, fulminar o agravo e eliminar a possibilidade de revisão da decisão interlocutória – porquanto já não será possível a interposição do agravo retido, seja em razão da preclusão consumativa, seja pela preclusão temporal.

Ademais, se é admitida a fungibilidade entre recursos diferentes, com mais razão há de se admitir quando tratar-se do mesmo recurso, apenas com regimes ou procedimentos diversos.[358]

Por fim, há que se considerar que o agravo retido nenhum prejuízo traz ao andamento do processo,[359] de forma que não deve ser examinado com a mesma ótica restritiva reservada aos demais recursos.

A decisão que determina a conversão do agravo de instrumento em agravo retido é irrecorrível.[360] Aqui se repete toda a argumentação que se fez acerca do descabimento de qualquer recurso para impugnar a decisão que defere ou indefere o pedido de efeito suspensivo, ou seja: o agravo de que trata o § 1º do art. 557 – chamado de agravo interno – se presta apenas para impugnar a decisão do relator que negar seguimento ou der provimento de plano a recurso.

Por sua vez, os agravos regimentais (previstos nos regimentos internos dos tribunais) apenas são admissíveis quando haja previsão na lei ordinária (ou lei de igual ou maior hierarquia), como ocorre, por exemplo, no caso do art. 39 da Lei 8.038/90. É que, como dito no item anterior, os regimentos internos são elaborados pelos próprios tribunais e a estes não compete legislar sobre direito processual civil

---

[358] WAMBIER, 2006, p. 36-39.
[359] Ibid., loc cit.
[360] E tal norma está em plena consonância com as tendências do processo civil moderno. Consoante menciona Couture, "La tendencia de nuestro tiempo es la de aumentar los poderes del juez y disminuir él número de recursos; es el triunfo de una justicia pronta y firme sobre la necesidad de una justicia buena pero lenta" (COUTURE, op cit.). Em sentido contrário: TALAMINI, 2002b, v. 5, p. 179-248; ALVIM, 2003a, p. 161; MOREIRA, 1999a, v. 5, p. 654.

– o que se daria com a criação de um recurso – porquanto tal matéria é conferida pelo art. 22, I, da CRFB ao Congresso Nacional.

O entendimento atual que se tem acerca de tribunal, assim como sobre as competências do relator não admite o argumento de que o agravo regimental não seria propriamente um recurso, mas apenas um meio de integrar a vontade do colegiado que o relator representa por delegação.[361]

A divisão dos tribunais em órgãos fracionários é admitida pelo art. 101, *caput*, § 4º, da LC 35/79, de forma que cada um funcione como tribunal distinto dos demais. "Essa norma deita por terra a tese da 'unidade do Tribunal'. Ele é apenas uno nas suas frações e a menor delas, em alguns casos, particularmente na hipótese do art. 558, chama-se 'relator'".[362]

Desta forma, ao julgar recursos de forma monocrática, seja na hipótese do art. 557, ou do art. 558, ou, ainda, na do art, 527, II, o relator é o próprio tribunal,[363] e não apenas delegado deste.[364] O relator exerce o poder jurisdicional que lhe foi outorgado diretamente da lei,[365] e não por delegação do colegiado a que pertence.[366] Até porque, "[...] as competências não podem ser 'delegadas', uma vez que o poder de julgar não pertence ao juiz, mas ao Estado – cumprindo a este, mediante legislação pertinente, atribuir o exercício da jurisdição aos

---

[361] Argumento acolhido pela 1ª Turma do STF no julgamento do AgRg 247.591-RS, em 14-03-2000, Rel. Min. Moreira Alves e com o qual concorda Talamini (2002b, v. 5, p. 179-248).
[362] ASSIS, 2002, p. 49.
[363] Sérgio Cruz Arenhart também concorda com este entendimento, tendo afirmado que nenhuma restrição existe a que se confira ao relator, que também é um dos órgãos do tribunal, poderes para julgar monocraticamente qualquer espécie de recurso, nem mesmo se exigindo possibilidade de recurso para órgão colegiado (ARENHART, op cit., p. 37-58).
[364] Em sentido contrário pensa Tesheiner, para quem "[...] a Constituição não constituiu tribunais, órgão colegiados, para que funcionem monocraticamente. Ao conferir atribuições ao relator, a lei ou o regimento interno não retiram, do respectivo órgão colegiado, qualquer competência" (TESHEINER, [200-a]). Também: ALMEIDA, op cit., p. 375-435.
[365] Carneiro, refutando a tese da delegação, menciona que "[...] o relator, em casos tais, não estará decidindo por 'delegação' do colegiado a que pertence, mas sim exerce poder jurisdicional que lhe foi outorgado por lei" (CARNEIRO, 2000, p. 14).
[366] SILVA, Mário Teixeira da. *Recursos cíveis e os novos poderes do relator*. Curitiba: Juruá, 2004.

ocupantes dos cargos ali indicados".[367] E não se encontram normas delegando[368] esta ou aquela competência ao relator, mas, sim, lhe atribuindo, verdadeiramente, competência para julgar, como ocorre nas hipóteses dos arts. 557, 558 e 527, II.[369]

Além disso, o parágrafo único do art. 527, com a redação dada pela Lei 11.187/05, não deixou dúvida de que é irrecorrível a decisão que determina a conversão do agravo de instrumento em agravo retido. Preceitua a norma que a decisão acerca da conversão do agravo de instrumento em agravo retido somente é passível de reforma no momento do julgamento do agravo, salvo se o próprio relator a reconsiderar.

Não obstante haja certa incoerência na redação da lei – porquanto fixa um momento para que possa ser revista a questão, quando nenhuma utilidade para o recorrente poderá ter eventual alteração[370] – o certo é que ela praticamente colocou fim à controvérsia acerca da recorribilidade ou não da decisão que determina a conversão do regime do agravo.

A norma, todavia, por muitos tem sido taxada de inconstitucional.[371] Argumenta-se que é necessário haver um mecanismo capaz de conduzir a questão abordada pelo recurso ao seu "juiz natural":[372]

---

[367] DINAMARCO, 2001, v. 1, p. 327.

[368] E, consoante refere De Plácido e Silva, "A delegação pública, conferida a autoridades ou aos poderes públicos, é sempre autorizada pela própria lei, em virtude de princípio instituído no Direito Constitucional. E se indica a soma de poderes atribuídos a um poder ou autoridade pública para desempenho de suas funções políticas ou administrativas" (DE PLÁCIDO E SILVA, op cit., p. verbete "delegação").

[369] ASSIS, 2002, p. 13-60.

[370] Teresa Arruda Alvim Wambier chega a dizer que "[...] certa dose de cinismo há na redação da lei, que não diz expressamente que não cabe recurso destas decisões, mas fixa um momento para que se redecida o assunto, em que eventual alteração do teor da decisão anteriormente proferida seria de integral imprestabilidade para o recorrente" (WAMBIER, 2006, p. 39).

[371] Assim: MOREIRA, 1999b, p. 324; NASCIMENTO, op cit.; TALAMINI, 2002b, v. 5, p. 179-248.

[372] Como mencionamos em artigo recentemente publicado, "[...] a imparcialidade do juiz, mais do que simples atributo da função jurisdicional, é vista nos dias atuais como seu caráter essencial. Não por outra razão que tem sido eleita por parte da doutrina como a pedra de toque do ato jurisdicional, servindo para diferenciá-lo dos demais atos estatais. Para assegurar a imparcialidade (e a independência) do juiz é que a maioria das Constituições contemporâneas consagra o Princípio do Juiz Natural, exigindo que a designação do julgador se dê anteriormente à ocorrência

o órgão colegiado. Isto porque, o relator, quando decide solitariamente, não é senão um "porta voz" do colegiado: o que ele diz, supõe-se que diga antecipando a decisão do colegiado. Ao interessado deve-se ressalvar, por isso, um meio de controle, apto a mostrar se aquela decisão realmente corresponde ao entendimento do órgão "representado".

Contudo, como já mencionado anteriormente, o relator, ao examinar singularmente recursos, é o próprio tribunal, e não apenas delegado deste. A lei, nestes casos, atribui competência ao próprio relator, não havendo necessidade de sua decisão ser chancelada pelo colegiado do qual é integrante.

Em razão disto, não há qualquer afronta ao princípio do juiz natural,[373] porquanto o exame da questão terá sido realizada pelo órgão previamente definido como competente para tanto: o tribunal, presentado pelo relator.

Inevitável, entretanto, admitir a possibilidade de impetração do mandado de segurança[374] em situações teratológicas. Como tem defendido a mais autorizada doutrina, justifica-se e mantém harmo-

---

dos fatos levados a julgamento e feita de forma desvinculada de qualquer acontecimento concreto ocorrido ou que venha a ocorrer. Juiz Natural, assim, é aquele que está previamente encarregado como competente para o julgamento de determinadas causas abstratamente previstas" (PEÑA, [200-]).

[373] Na atual Constituição o princípio é extraído da interpretação do inciso XXXVII, do art. 5º, que preceitua que "não haverá juízo ou tribunal de exceção" e também da exegese do inciso LIII, que reza: "ninguém será processado nem sentenciado senão pela autoridade competente." Completam o arcabouço de consagração do princípio as garantias outorgadas aos juízes de vitaliciedade, inamovibilidade e irredutibilidade de subsídios, previstas no *caput* do art. 95 da Constituição Federal (PEÑA, [200-]).

[374] Neste sentido: JORGE, Flávio Cheim. A nova disciplina do recurso de agravo: Lei n. 11.187, de 19/10/2005. *Revista do Advogado*, São Paulo, n. 85, p. 131-148, 2006; LEONARDO, Rodrigo Xavier. *O recurso de agravo e a nova reforma do código de processo civil*: a segunda etapa da reforma processual civil. São Paulo: Malheiros, 2001. p. 280; GOMES JUNIOR, Luiz Manoel. Novo regime do agravo de instrumento (Lei Federal n. 11.187, de 19.10.2005). *Repertório de Jurisprudência IOB*, São Paulo, n. 22, p. 680-675, 2. quinzena, nov. 2005; TALAMINI, Eduardo. *O emprego do mandado de segurança e do hábeas corpus contra atos revestidos pela coisa julgada*: estudos de direito processual civil: homenagem ao professor Egas Dirceu Moniz de Aragão. São Paulo: Revista dos Tribunais, 2005; WAMBIER, 2000, p. 288-289; TESHEINER, José Maria Rosa. *Mandado de Segurança contra ato do relator em agravo de instrumento*. [S.l.: s.n, 200-b]. Disponível em: <http://www.tex.pro.br> Acesso em: 23 jun. 2006.

nia com o sistema a impetração do mandado de segurança contra ato do relator quando a lei ordinária não contém medida eficaz para resguardar o direito da parte. "O mandado de segurança é um meio de não deixar situação alguma sem solução".[375]

Neste ponto, houve um retrocesso. Uma das principais motivações para a adoção da atual sistemática do agravo foi justamente, por fim, a utilização desenfreada de mandados de segurança contra atos judiciais,[376] que visavam unicamente a obter efeito suspensivo para o agravo. Agora o mandado de segurança será impetrado com o intuito de reverter a conversão do agravo de instrumento em agravo retido.

Ficará a cargo dos tribunais, entretanto, impor limites ao uso do mandado de segurança para esta finalidade.[377] Apenas em hipóteses em que a decisão contenha evidente ilegalidade ou abuso de poder há de ser admitido o remédio constitucional, sob pena de ordinalizá-lo.[378]

6.4. Negativa de seguimento e provimento de plano do agravo de instrumento

Com o advento da Lei 9.756/98, que deu nova redação ao art. 557 e incluiu os seus §§ 1º-A, 1º e 2º, o relator do recurso no tribunal

---

[375] WAMBIER, 2000, p. 288-289.
[376] GOMES JUNIOR, 2005, p. 680-675. No mesmo sentido: LUCON, Paulo Henrique dos Santos. O novo regime do agravo (Lei nº 11.187/2005). *Revista do Advogado*, São Paulo, n. 85, p. 15-175, maio 2006.
[377] Segundo Luis Manoel Gomes Júnior, "O sucesso das alterações ora analisadas vai depender de um único fator, qual seja, a quantidade de mandados de segurança que foram impetrados contra a decisão do relator que determinar a conversão do agravo de instrumento em agravo retido" (GOMES JUNIOR, op cit., p. 676).
[378] O Tribunal de Justiça do Rio Grande do Sul, entretanto, diz ser incabível Mandado de Segurança contra decisão proferida por desembargador em agravo de instrumento. Sustenta-se não ser o Tribunal, por qualquer de seus órgãos, competente para rever ato de órgão fracionário seu (inclusive do relator), porquanto não existe hierarquia entre estes. Neste sentido: TJRS-Pleno, Mandado de Segurança 70000682518, Rel. Des. Osvaldo Stefanello. De outro lado, contudo, o STJ diz que a interpretação do art. 21, VI, da Loman, o mandado de segurança impetrado em ataque a ato de Desembargador deve, necessariamente, ser julgado pelo respectivo Tribunal (STJ-3ª Turma, RMS 19.588/RS, rel. Min. Castro Filho, j. 13.12.2005, DJU 20.02.2006, p. 329).

passou a ter poder de negar-lhe seguimento, bem como de prover-lhe de plano.

Consoante preceitua o *caput* do art. 557, deverá o relator negar seguimento a recurso "manifestamente inadmissível, improcedente, prejudicado ou em confronto com súmula ou com jurisprudência dominante do respectivo tribunal, do Supremo Tribunal Federal, ou de Tribunal Superior".

O provimento de plano, por sua vez, se dará quando verificar o relator que está a decisão recorrida em manifesto confronto com súmula, ou com jurisprudência dominante do Supremo Tribunal Federal, ou de Tribunal Superior.

É verdade que a modificação imposta por estes dispositivos "[...] quebrou o caráter colegiado dos pronunciamentos do Tribunal (art. 555), dogma incontestado no direito pátrio, refundindo as funções do relator".[379] O relator passou a ter competência para julgar singularmente, enquanto antes lhe cabia apenas "[...] preparar o julgamento, do qual participaria, com seu voto, na ocasião própria".[380]

Tais disposições, contudo, como afirmou o STF[381] em mais de uma oportunidade, com amplo apoio da doutrina,[382] nada têm de inconstitucionais.[383]

Como já foi dito, o art. 101, *caput*, § 4º, da LC 35/79 admite a divisão dos tribunais em órgãos fracionários como câmaras, turmas e seções, cada qual funcionando como o próprio tribunal. Dentre tais órgãos fracionários pode-se incluir o relator. E a Constituição Federal, assim como o Código de Processo Civil, em muitos casos, não define a qual órgão do tribunal compete a tarefa de julgar os recursos.[384]

---

[379] ASSIS, 2002, p. 23.
[380] MOREIRA, 1999a, v. 5, p. 613.
[381] STF-1ª Turma, AI 360.424-MG-AgRg, rel. Min. Moreira Alves, j. 26-02-2002; STF-2ª Turma, AI 375.370-CE-AgRg, rel. Min Carlos Velloso, j. 25-06-2002.
[382] CAMBI, Accácio. *Aspectos polêmicos na aplicação do art. 557 do CPC:* aspectos polêmicos e atuais dos recursos e outros meios de impugnação às decisões judiciais. São Paulo: Revista dos Tribunais, 2003. v. 7, p. 13-23.
[383] Em sentido contrário, defendendo a inconstitucionalidade do dispositivo: MARTINS, Francisco Peçanha. A reforma do art. 557 do CPC: inconstitucionalidade e ilegalidade. Revista *do Instituto dos Advogados de São Paulo*, São Paulo, v. 5, p. 53-56, jan./jun. 2000.
[384] NERY JÚNIOR; NERY, op cit., p. 981.

Ademais, o § 1º do art. 557 prevê a possibilidade de recurso ao órgão colegiado do qual faz parte o relator, esvaziando qualquer alegação de inconstitucionalidade que se baseasse em afronta ao princípio do juiz natural, já que, inegavelmente, não será extraída daquele que sentir injustiçado a possibilidade de levar o caso à sessão de julgamento na qual se farão presentes os outros membros da câmara ou da turma.

De outro lado, a norma está em plena consonância com as tendências do processo civil moderno, que tem como tendência aumentar os poderes do juiz e diminuir o número de recursos. É o triunfo de uma justiça célere e firme sobre a necessidade de uma justiça boa, mas lenta.[385]

Retomando o texto do *caput* do art. 557, cumpre examinar cada uma das hipóteses que dão ensejo à negativa de seguimento pelo relator. Menciona o artigo quatro classes de recursos: inadmissíveis, improcedentes, prejudicados, e contrários à súmula ou à jurisprudência dominante do tribunal competente para o julgamento, do Supremo Tribunal Federal ou de tribunal superior.

A negativa de seguimento, como se vê, abrange tanto as hipóteses que levariam ao não-conhecimento do recurso, como aquelas que conduziriam ao seu improvimento.[386]

Inadmissível é o recurso que não preenche quaisquer dos pressupostos recursais, sejam intrínsecos ou extrínsecos. Assim, deve ter seguimento negado o recurso intempestivo, incabível, deserto, interposto por parte ilegítima, deficientemente instruído e todos mais que receberiam julgamento de não-conhecimento se viessem a ser julgados pelo órgão colegiado.

Improcedente, por sua vez, é o recurso quando o recorrente carece de razão no mérito, "[...] isto é, quando infundados os motivos por que impugna decisão recorrida".[387] Assim, sendo a pretensão posta no recurso contrária a norma jurídica aplicável à hipótese, há de se reconhecer a sua improcedência.

---
[385] COUTURE, op cit.
[386] DINAMARCO, 2002, p. 183.
[387] MOREIRA, 1999a, v. 5, p. 645.

Prejudicado fica o recurso que perdeu o objeto, ou seja, aquele que não mais tem utilidade para o recorrente, caindo no vazio.[388] Tal hipótese é comum em relação ao agravo de instrumento, já que pode haver reconsideração da decisão agravada por parte do juiz *a quo*, ocorrendo o desaparecimento superveniente do interesse recursal.

Por fim, tem-se a hipótese de recurso "[...] em confronto com súmula ou com jurisprudência dominante do respectivo tribunal, do Supremo Tribunal Federal, ou de Tribunal Superior".

Tal hipótese requer maior atenção, diante das peculiaridades que apresenta.

Por muito tempo afirmou-se que, embora a lei sugira imperatividade, não está o relator obrigado a adotar o entendimento defendido majoritariamente no Tribunal em que atua ou em tribunais superiores e nem mesmo o exprimido por súmula, já que estas não detinham efeito vinculante para os demais juízes.[389]

Ocorre que, após a EC 45/2004, o nosso ordenamento passou a admitir a existência de súmulas vinculantes, de tal sorte que o entendimento anteriormente defendido pela doutrina há que ser lido com ressalvas: quando se tratar de súmula editada sem as formalidades exigidas para a súmula vinculante,[390] permanecerá válida a lição da doutrina anterior. De outra sorte, tratando-se de súmula que ganhe os *status* de vinculante, a sua adoção passa a obrigar a todos os julgadores.

Por outro lado, no que tange à súmula impeditiva de recursos, criada pela Lei 11.276/2006, como foi reservada apenas ao recurso de apelação (art. 518, § 1º), em nada alterará a interpretação do indigitado artigo.

Nova leitura há que fazer, também, do § 1º A do art. 557, que autoriza o provimento de plano de recurso interposto contra decisão em manifesto confronto com súmula do STF ou de Tribunal Superior.

---

[388] Assim: ALVIM, 2003a, p. 145; BERMUDES, Sérgio. *A reforma do código de processo civil*. 2. ed. São Paulo: Saraiva, 1996. p. 122.

[389] Assim: ALLA, op cit., p. 143

[390] Consoante o art. 103-A da Constituição Federal, a súmula vinculantes para ser aprovada depende dos votos de dois terços dos membros do STF. De outro lado, as súmulas já existentes somente produzirão efeito vinculantes após sua confirmação por dois terços dos Ministros do STF.

A decisão do magistrado *a quo* que contrariar súmula vinculante é passível de impugnação por reclamação endereçada diretamente ao STF (CRFB, art. 103-A, § 3º), e não por agravo de instrumento. De tal forma não poderá o relator dar provimento de plano ao recurso; deverá, sim, negar-lhe seguimento por manifestamente inadmissível.

No que tange ao julgamento monocrático com amparo em jurisprudência majoritária do tribunal do qual faz parte o relator, malgrado a leitura da lei conduza ao pensamento de que se deva levar em conta o entendimento de todos os órgãos jurisdicionais da Corte, não parece esta a melhor interpretação.

Com efeito, o que quer a lei é possibilitar que o relator antecipe o julgamento de um recurso que já se sabe de antemão que solução teria se viesse a ser julgado pela Câmara ou Turma; ou seja, como afirmou o STJ,[391] a aplicação do art. 557 supõe que o julgador, ao isoladamente, negar seguimento ao recurso, confira à parte, prestação jurisdicional equivalente a que seria concedida acaso o processo fosse julgado pelo órgão colegiado.

Tal pensamento deu origem ao princípio da jurisdição equivalente, que tem sido defendido em alguns tribunais.[392]

Assim, não há razão de se exigir o paralelismo com a jurisprudência dominante de todo o tribunal, mas simplesmente do órgão que iria julgar o recurso caso ele tivesse seguimento, que, aliás, será o órgão competente para o julgamento de eventual agravo interno que venha a ser interposto. Afinal, este órgão é o próprio Tribunal naquele julgamento.

A ocasião apropriada para que o relator negue seguimento, ou dê provimento de plano ao recurso, é que segue à conclusão dos autos, para exame do recurso.[393] Em que pese a lei não vedar, proferir tais decisões em outros momentos, como após o aporte das contra-

---

[391] STJ, 1ª Turma, REsp 517358/RN, rel. Min. Luiz Fux, j. 4.9.2003.
[392] Neste sentido, *v.g.*: STJ, 1ª Turma, RESP 517358/RN, Luiz Fux, relator, j. 4.9.2003; TJRS, 1ª Câmara Cível, Agravo Interno 70008100133, Rel. Des. Irineu Mariani, j. 10.03.2004; Agravo nº 70006271092, 12ª Câmara Cível, TJRS, Rel. Des. Carlos Eduardo Zietlow Duro, Julgado em 15/10/2003; TJRS, Agravo Interno n. 70002490720, 4ª Câmara Cível, TJRS, Rel. Des. João Carlos Branco Cardoso, j. 09/05/2001.
[393] MOREIRA, 1999a, v. 5, p. 647.

razões ou das informações do magistrado *a quo*, pode atentar contra a celeridade e em nada contribuir para o esvaziamento das pautas.

Explica-se: a grande maioria dos recursos de agravo de instrumento, mormente após a alteração que o reservou apenas para casos urgentes, contém pedidos de atribuição de efeito suspensivo. De tal sorte, se o relator entender por não julgar de plano o recurso – seja para negar seguimento, seja para dar provimento, deverá imediatamente examinar o pedido de efeito suspensivo, que recomenda urgência. Fazendo isso, os autos devem ser encaminhados à Secretaria da Câmara ou Turma, para que se proceda a intimação dos advogados das partes. Posteriormente, o recurso retorna ao relator que, em tese, poderia julgar-lhe em decisão monocrática. Ocorre que desta decisão ainda caberá recurso de agravo interno (art. 557, § 1º). De tal sorte, alcançando este ponto, é mais conveniente levar o agravo à mesa, eliminando a possibilidade de interposição de mais outro recurso ao próprio órgão julgador.

A decisão do relator de negativa de seguimento ou de provimento de plano, há de ser, obviamente, fundamentada, em obediência ao preceito constitucional (art. 93, IX, da CRFB). Deverá estar explicitado na decisão por quais razões se concluiu que o recurso é inadmissível ou improcedente. Na hipótese de se alegar contrariedade à jurisprudência majoritária, devem ser referidos, ainda que exemplificativamente, os julgados utilizados como parâmetro.[394]

---

[394] MOREIRA, 1999a, v. 5, p. 647.

7. Agravo interno

Embora não se amolde dentro do objetivo específico deste trabalho, que é o estudo dos agravos contra as decisões interlocutórias proferidas em primeiro grau, não se pode deixar de examinar, considerando a estreita relação que mantém com o tema pesquisado, o recurso previsto no § 1º do art. 557 e seus contornos.

Como se viu em item próprio (*retro*, 6.4), o relator, em decisão monocrática, poderá, estando presentes os requisitos legais, negar seguimento ao recurso ou dar-lhe provimento de plano.

Excetua-se, com tal licença outorgada ao relator, a regra de que as decisões provindas de tribunais são forjadas de forma coletiva.

Entretanto, entendeu o legislador da reforma que possibilitou o julgamento singular, que não seria possível subtrair de forma definitiva a apreciação do recurso ao órgão colegiado, sob pena de ferir a garantia do juiz natural.

Por tal razão, deu ao interessado (seja o recorrente, ou o recorrido, ou qualquer outro legitimado) o direito de reclamar que o julgamento se faça pelo colegiado, ao qual o ordenamento dá competência recursal.

E o meio adequado para conduzir o inconformismo ao órgão colegiado é o agravo previsto no § 1º do art. 557, chamado pela doutrina e pela jurisprudência de agravo interno.

Em razão dessa função que é reservada ao agravo interno, parte da doutrina não o classifica como recurso, mas como mero mecanismo de conferência, pelo colegiado, de atuação delegada ao seu integrante.[395]

---

[395] Neste sentido: TALAMINI, 2002b, v. 5, p. 179-248; ARAGÃO, op cit., p. 130 e ss.

Não parece ser este o entendimento correto. O agravo interno é, inegavelmente, um recurso, porquanto se amolda com exatidão ao conceito dado pela doutrina[396] a este gênero da espécie dos remédios[397] e incorpora todas as características a estes inerentes: 1) é um meio processual que a lei coloca à disposição das partes, do Ministério Público e dos terceiros interessados e; 2) objetiva viabilizar, dentro da mesma relação jurídica processual, a anulação da decisão judicial impugnada.

Ademais, como já mencionado anteriormente (*retro*, 6.2 e 6.3), o relator, ao examinar singularmente recursos, é o próprio tribunal, e não apenas delegado deste. A lei, nestes casos, atribui competência ao próprio relator, não havendo necessidade de sua decisão ser chancelada pelo colegiado do qual é integrante.

Há que ressaltar, como já se fez nos itens próprios (*retro*, 6.2 e 6.3), que não é o agravo interno previsto no § 1º do art. 557, conforme se verifica pela sua redação, meio adequado para impugnar a decisão que determina a conversão do agravo de instrumento em agravo retido, e nem para combater a decisão que defere ou indefere o pedido de atribuição de efeito suspensivo ao agravo de instrumento.

A possibilidade de interposição de agravo interno pelo réu ainda não citado é ponto de contornos interessantes. Como se disse em itens anteriores, nada há de inconstitucional no art. 557, § 1º-A, por possibilitar o provimento de plano do recurso, independentemente da oitiva do agravado. Afasta a pecha de inconstitucionalidade, entre outros fatores, a existência de possibilidade de interposição de recurso ao órgão colegiado do qual faz parte o relator.

Haverá hipóteses, contudo, em que o agravado sequer terá sido citado, vindo a tomar conhecimento do agravo quando este já tenha transitado em julgado. Neste caso, poderia se argumentar que o prazo do agravo interno teria iniciado apenas quando o agravado tivesse tomado ciência da decisão. Não é assim, todavia, que se tem respondido a questão. Conforme a jurisprudência, passado o prazo

---

[396] Conforme Nery Júnior, recurso "[...] é o meio processual que a lei coloca à disposição das partes, do Ministério Público e de um terceiro, a viabilizar, dentro da mesma relação jurídica processual, a anulação, a reforma, a integração ou o cancelamento da decisão judicial impugnada" (NERY JUNIOR, 2000, p. 184).
[397] Ibid., p. 175.

do agravo interno, que flui normalmente a partir da intimação da publicação da decisão, ao agravado será reservada a possibilidade de rediscutir a questão em primeiro grau, porquanto para ele não estará preclusa.[398]

7.1. Procedimento

Consoante se infere do § 1º do art. 557, distribuído no tribunal, o agravo interno será encaminhado ao próprio relator que proferiu a decisão combatida, que deverá apresentá-lo em mesa, ou seja, levá-lo à sessão de julgamento do órgão colegiado competente para o exame do recurso que fora julgado monocraticamente (provido de plano ou com seguimento negado). Mas isto apenas ocorrerá se não optar o relator por se retratar, hipótese em que não haverá necessidade de julgamento do recurso apresentado, que restará prejudicado.[399]

Obstante o art. 557 aplicar-se a qualquer recurso, não parece adequada a sua utilização em relação ao agravo interno,[400] porquanto configuraria flagrante cerceamento de defesa, ferindo o princípio constitucional do contraditório e da ampla defesa. Assim, descabido ao relator negar seguimento ao agravo interno, ainda que verifique, por exemplo, ausência de um pressuposto de admissibilidade. Ade-

---

[398] Neste sentido a decisão da 9ª Câmara Cível do TJRS, no Agravo Interno 70018475913 de relatoria da Exma. Desa. Marilene Bonzanini Bernanrdi, que traz a seguinte ementa: Agravo interno. Provimento de plano de agravo de instrumento. Parte agravada não-citada. Agravo interno interposto após o trânsito em julgado da decisão e eliminação dos autos. Tratando-se de agravo de instrumento interposto contra decisão liminar, quando ainda não integralizada a relação processual, desnecessária a prévia intimação do agravado. De outro lado, já que não estabelecido contraditório, a questão para o réu não preclui, podendo ser rediscutida, com amplitude, perante o juízo recorrido. por isso descabido pretender o agravado interpor agravo interno, após o trânsito em julgado da decisão. Agravo interno não-conhecido. Na mesma linha é a conclusão nº 5 do CETJRS.
[399] SALLES, op cit., p. 138
[400] Neste sentido: MOREIRA, 1999a, v. 5, p. 645; SLAIB FILHO, Nagib. Notas sobre o art. 557 do CPC (competência do relator de prover e de negar seguimento a recurso). *Revista Forense*, Rio de Janeiro, v. 98. n. 361, p. 95-107, maio/jun. 2002; CARNEIRO, 2000, p. 9; CAMBI, op cit., p. 13-23.

quado, nestes casos, levar o recurso para que o órgão colegiado o examine e, se for o caso, não o conheça.[401]

Admite-se, no julgamento do agravo interno, que o colegiado não conheça do recurso ou que, dele conhecendo, lhe dê, ou lhe negue, provimento. Provido o agravo interno pela turma ou câmara julgadora, o recurso julgado monocraticamente deverá ter seguimento; isto é, praticar-se-ão os atos necessários para o seu julgamento.[402] No caso do agravo de instrumento, por exemplo, deverá o relator examinar eventual postulação de efeito suspensivo, intimar o agravado para oferecer contra-razões, solicitar informações etc.

Por outro lado, sendo desprovido o recurso, só restará à parte recorrer para o tribunal superior, mediante recurso extraordinário ou especial, se configurados os respectivos pressupostos.[403]

Vale ressaltar, contudo, que o que deverá ser examinado pelo órgão colegiado no julgamento do agravo interno é o acerto, ou não, na utilização do art. 557 pelo relator; ou seja, caberá a turma ou câmara verificar se de fato era hipótese de negativa de seguimento ou de provimento de plano do recurso.[404]

Nada justifica o vezo de alguns tribunais de julgar imediatamente o mérito do próprio recurso que teve julgamento monocrático.[405] Este mal hábito tem potencial a causar sérios prejuízos às partes, em virtude do cerceamento de defesa que representa; isto porque o julgamento do agravo interno, consoante se infere do lacônico texto do § 1º do art. 557, não é precedido de contraditório,[406] independe de

---

[401] Assim: STJ-Corte Especial, MS 8.093-DF, rel. Min. Eliana Calmon, j. 15.05.2002, DJU 21.10.2002, p. 263,
[402] TESHEINER, José Maria Rosa. *Julgamento pelo Relator*. [S.l.: s.n, 200-c]. Disponível em <http://tex.pro.br>. Acesso em: 10 nov. 2005.
[403] BERMUDES, op cit., p. 124.
[404] Como menciona Franzé, "[...] o provimento do agravo interno não implica no provimento de mérito das razões recursais deduzidas no recurso principal, mas, sim, no mero seguimento do recurso indeferido sumariamente, sem causar gravame" (FRANZÉ, Luís Henrique Barbante. *O agravo frente aos pronunciamentos de primeiro grau no processo civil*. 4. ed. Curitiba: Juruá, 2006. p. 284).
[405] Este não parece ser o entendimento de Arenhart, que afirma que ao julgar o agravo interno, o colegiado julga, na verdade, o recurso originalmente interposto (ARENHART, op cit., p. 37-58).
[406] Cf. MOREIRA, 1999a, v. 5, p. 648. Em sentido contrário, exigindo a observância do contraditório: CAMBI, op cit., p. 13-23.

pauta,[407] dispensa revisão[408] e não admite a sustentação oral,[409] diferenciando-se, no mais das vezes, do recurso que traz a questão de fundo e que estaria sendo julgado à sombra do agravo interno.

Anota-se, ainda, que a decisão tomada pelo colegiado, em razão da sua provisoriedade, não vincula o agravado, que poderá sustentar a correção da decisão do relator. Também não vincula o próprio colegiado, que poderá não conhecer do agravo, ou negar-lhe provimento, pelos mesmos fundamentos que anteriormente havia desprezado.[410]

Com o intuito de evitar que o elastério dos poderes do relator se transformasse em obstáculo à efetividade, em razão da elevada interposição de agravos internos, por meio da Lei 9.756/98 o legislador inseriu no § 2º do art. 557 a possibilidade de o tribunal condenar o agravante ao pagamento de multa, que reverterá em favor da parte adversa, entre um e dez por cento do valor corrigido da causa,[411] quando manifestamente inadmissível ou infundado o seu recurso.[412] Além disso, fixada a multa, a interposição de qualquer outro recurso ficará condicionada ao depósito do seu valor.[413]

---

[407] Cf. Ibid. Em sentido contrário, defendendo a necessidade de prévio anúncio em pauta, já se manifestou o STJ ao julgar o REsp 151.229-PE-AgRg, rel. Min. José Delgado. Mesmo entendimento defende Carneiro (1998, p. 79), ao sustentar que "[...] deverá o relator 'pedir dia' para o julgamento colegiado, permitindo às partes o comparecimento à sessão, ainda que sem a possibilidade de sustentação oral".
[408] Neste sentido: MOREIRA, 1999a, v. 5, p. 648.
[409] Considerando a norma do art. 554, em interpretação sistemática, e o Regimento Interno de diversos tribunais.
[410] CARNEIRO, 1998, p. 80.
[411] Slaibi Filho refere que "[...] se maior confiança tivesse o legislador no juiz, não teria pré-tarifado a multa nos estreitos limites de um a dez por cento do valor corrigido da causa, pois daí certamente decorrerão flagrantes injustiças principalmente nas causas extrapatrimoniais ou em que o valor não guarde relação com o aspecto monetário [...] Melhor seria se o legislador tivesse se remetido aos critérios do art. 20, pois no arbitramento dos honorários ao advogado vencedor, o seu § 3º fala em dez a vinte por cento da condenação (e não do valor da causa), deixando ao § 4º, com forte poder de eqüidade, o modo de arbitramento nas demais causas" (SLAIB FILHO, op cit., p. 95-107).
[412] Consoante explica Slaibi Filho, "[...] não se extraia do mencionado § 2º interpretação que conduza à inexorabilidade de aplicação da sanção sempre que ao recurso se negar seguimento porque inadmissível ou infundado. Aí temos sanção e não indenização, e somente esta admite a responsabilidade objetiva, pela simples ocorrência do fato. A apenação somente é legítima se ocorrente situação inesculpável que a decisão judicial deverá motivadamente explicitar" (Ibid., p. 95-107).
[413] FRANZÉ, 2002, p. 176-177.

Considerações finais

1. A primeira notícia histórica que se tem acerca do surgimento dos recursos advém do Direito Romano. No período da *extraordinaria cognitio* (de 209 d.C. até 568 d.C.), terceira e última fase da história do direito romano, passa-se a admitir a figura da *appellatio* como o recurso genérico, a ser examinado por juiz hierarquicamente superior, com o fim de reparar os *gravamines* ou prejuízos aos direitos do vencido, impostos pela *sententia judicis*. Entre os estudiosos do direito romano, contudo, há controvérsia acerca do cabimento ou não da *appelattio* para impugnar também, além da sentença (*sententia*) definitiva – ato pelo qual o juiz decidia a questão de fundo – as resoluções judiciais incidentes, chamadas *interlocutiones*.

2. A *supplicatio*, meio de impugnação de decisões utilizado no Direito Romano, surgido posteriormente à apelação, é o antecedente mais remoto do agravo, porquanto constituiu fonte da primitiva "sopricação", que por sua vez originou o agravo ordinário previsto no Código Manuelino.

3. O agravo ingressou no ordenamento brasileiro por intermédio das Ordenações Filipinas, que, após a independência, diante da inexistência de leis próprias, foram adotadas, provisoriamente, pelo direito pátrio.

4. O agravo, em suas características fundamentais, como têm demonstrado as pesquisas reveladas pela doutrina, é recurso peculiar ao direito luso-brasileiro. No direito estrangeiro, de forma geral, não se encontram recursos com similar potencialidade de obter a reforma das decisões proferidas no curso do processo acerca de questões incidentes. Com efeito, os códigos modernos, em regra, não conferem recorribilidade às decisões interlocutórias da forma ampla com que o faz o CPC brasileiro.

5. Chiovenda ficou conhecido como o precursor das vantagens de um processo oral sobre o escrito. Defendia ele que o contato pessoal entre o juiz e os litigantes, propiciado no procedimento oral, torna possível àquele uma apreensão imediata do litígio, em sua versão original e autêntica, que lhe transmitem de viva voz os próprios contendores. Ademais, a oralidade permite que o juiz presida a coleta das provas com base nas quais irá fundamentar a futura decisão, tendo um contato direto e pessoal também com as testemunhas, podendo, assim, avaliar a credibilidade das informações prestadas com maior segurança do que teria no procedimento escrito.

E a concretização de um processo oral se dá por meio da observância, também – além dos princípios da concentração das provas, da imediatidade e da identidade física do juiz – do princípio da irrecorribilidade em separado das decisões interlocutórias. Com efeito, para tornar efetivo o princípio da oralidade, à medida que ele se vincula com o princípio da concentração, torna-se necessário impedir as contínuas interrupções no andamento do processo motivadas pelos recursos opostos pelas partes contra as decisões acerca de questões incidentes.

Não obstante tenha ganhado relevo no Brasil, tradicionalmente tem-se asseverado que a doutrina de Chiovenda nunca foi verdadeiramente admitida por aqui.

O Código de 1939, como se tem afirmado, ao adotar o sistema da recorribilidade restrita, permitindo a impugnabilidade das decisões incidentes nos casos taxativamente indicados no texto legal, assumiu posição intermediária entre a doutrina de Chiovenda e aquela que defende o procedimento escrito e a ampla e indiscriminada impugnabilidade das decisões incidentes. O que se teve, neste ordenamento, foi um procedimento oral mitigado: a forma escrita estabeleceu-se para a discussão e decisão das questões preliminares e ordinatórias do processo. Quanto ao mérito, de outro lado, o exame das provas e a discussão do principal da causa concentravam-se na audiência perante o juiz que iria decidi-la, evidenciando os caracteres essenciais do processo oral.

No Código de 1973 mitigaram-se, ainda mais, os princípios da oralidade e da irrecorribilidade em separado das decisões interlocutórias – como admitiu o próprio idealizador do anteprojeto do Código, Buzaid, na Exposição de Motivos apresentada ao Ministro da

Justiça – a ponto de parte da doutrina afirmar que se adotou posição diametralmente oposta àquela preconizada por Chiovenda, permitindo a ampla recorribilidade das decisões interlocutórias.

Não obstante haver moderna doutrina que defenda que o atual CPC, ao não admitir, em regra, o efeito suspensivo ao agravo, recurso cabível para impugnar as decisões interlocutórias, consagrou, sim, o princípio da irrecorribilidade das decisões interlocutórias, a verdade é que a prática tem demonstrado que os agravos de instrumento, de qualquer forma, acabam por truncar o processamento do feito, seja porque há a possibilidade de atribuição de efeito suspensivo (art. 558), seja em razão de que o provimento do agravo, muitas vezes, motiva a anulação de atos determinados pelo magistrado *a quo* e já realizados.

6. Ao recurso de agravo o CPC reservou o Capítulo III (Do Agravo) do Título X (Dos Recursos) do seu Livro I (Do Processo de Conhecimento), mais especificamente os arts. 522 a 529.

Neste ponto geograficamente centralizado do Estatuto Processual é que estão disciplinados o cabimento e os pressupostos de admissibilidade do agravo, bem como determinado o seu procedimento.

6.1. Consoante preceitua o art. 522, das decisões interlocutórias caberá agravo, no prazo de dez dias, na forma retida, salvo quando se tratar de decisão suscetível de causar, à parte, lesão grave e de difícil reparação, bem como nos casos de inadmissão da apelação e nos relativos aos efeitos em que a apelação é recebida, quando será admitida a sua interposição por instrumento.

6.2. Decisões ou resoluções interlocutórias são aquelas proferidas no curso do processo e que decidem questões incidentes. Contrapõem-se às decisões que conduzem à resolução final do processo, implicando alguma das situações previstas nos arts. 267 e 269 (sentenças), bem como das resoluções ou despachos de expediente, que apenas propendem ao impulso (andamento) processual.

7. Assim como ocorre com a ação ajuizada, que para ter seu mérito examinado deve preencher determinados pressupostos, os recursos, para serem conhecidos, também devem observar alguns requisitos. E a atividade por meio da qual o juiz ou o tribunal examina a presença, ou não, destes requisitos, denomina-se juízo de admis-

sibilidade recursal. O resultado positivo de tal apreciação autorizará o órgão julgador a ingressar no juízo de mérito do recurso, que é aquele em que se apura a existência ou inexistência de fundamento para o que se postula, tirando-se, daí, as conseqüências cabíveis, isto é, acolhendo-se ou rejeitando-se a postulação.

O juízo de admissibilidade é, desta forma, sempre e necessariamente, anterior ao juízo de mérito. Um juízo de admissibilidade negativo conduz ao não-conhecimento do recurso. O juízo de admissibilidade favorável, de outro lado, conduz ao seu conhecimento e ao posterior julgamento de provimento ou improvimento.

Esta ordem sistemática não sofre modificação frente à possibilidade de o relator, no tribunal, negar seguimento ou dar provimento de plano ao recurso, conforme autoriza o art. 557, *caput*, e § 1°-A. O *iter* a ser percorrido pelo relator em seu julgamento monocrático há de ser idêntico ao que seria percorrido se o julgamento fosse levado ao colegiado. O que ocorre é que a negativa de seguimento, como se verifica pela leitura do *caput* do art. 557, abrange tanto as hipóteses que conduzem ao não-conhecimento (juízo de admissibilidade), como a hipótese de improvimento (juízo de mérito). De outro lado, o provimento de plano do recurso exige que antes se tenha ultrapassado o juízo de admissibilidade.

7.1. O conjunto dos requisitos de qualquer recurso representa matéria de ordem pública. Por conseguinte, é lícito seu conhecimento, *ex officio*, pelo órgão judiciário a qualquer tempo.

7.2. Diversos critérios são sugeridos para a classificação dos requisitos de admissibilidade em conjuntos menores, mas a reunião em intrínsecos e extrínsecos é de melhor proveito.

7.3. Os requisitos intrínsecos são os concernentes à própria existência do direito de recorrer. São eles o cabimento, a legitimação para recorrer, o interesse em recorrer e a inexistência de fato impeditivo (*v.g.*, o previsto no art. 881, *caput, fine*) ou extintivo (*v.g.*, os contemplados nos arts. 502 e 503) do poder de recorrer.

7.3.1. A capacidade do ato de ser questionado e a conformação do recurso com a CRFB, ou com o elenco do art. 496, responderão a indagação acerca do cabimento ou não do recurso.

Contra as decisões interlocutórias é cabível o agravo retido, salvo se o ato judicial for apto a causar à parte lesão grave e de difícil reparação ou nas hipóteses de inadmissão da apelação ou efeitos em que é recebida, quando então será admissível o agravo de instrumento.

Apto para impugnar a decisão do relator que nega seguimento ou dá provimento de plano a recurso, com fulcro no art. 557 e seu § 1º-A, é o agravo interno, previsto no § 1º do mencionado artigo.

7.3.2. Legitimados para interpor o recurso, consoante dispõe o art. 499, são: a) parte vencida; b) o terceiro prejudicado e; c) o Ministério Público. Tal regra é aplicável de forma genérica a todos os recursos, inclusive aos agravos.

Parte é quem participou do processo no pólo ativo ou passivo. Terceiro prejudicado é quem não é parte no momento da decisão que feriu seus interesses. O terceiro para se legitimar à interposição do recurso deve ser juridicamente prejudicado e, consoante o § 1º do art. 499, deverá demonstrar o nexo de interdependência entre o seu interesse de intervir e a relação jurídica submetida à apreciação judicial.

O termo inicial do prazo recursal do terceiro é aquele atribuído às partes, não se podendo admitir que o prazo somente passe a fluir quando o terceiro tenha ciência da decisão, sob pena de o processo ficar indefinidamente em aberto.

7.3.3. A exemplo do que sucede com a ação, que para ter seu mérito examinado exige a presença do interesse processual, o recurso, para ser conhecido, depende da configuração do interesse recursal.

O interesse em recorrer está intimamente ligado à idéia de sucumbência. Argumenta-se que esta sucumbência seria reflexo de um prejuízo, que por sua vez se configuraria com a ocorrência de uma lesão, um gravame.

Considerando isto, pode-se dizer que falta interesse recursal àquele que não pode alcançar posição mais vantajosa com o recurso, pois isto seria a maior evidência de que a decisão não lhe trouxe qualquer prejuízo.

7.4. Os requisitos extrínsecos referem-se ao modo de exercer o recurso. Enquadram-se neste grupo a tempestividade, a regularidade formal e o preparo.

7.4.1. A tempestividade é pressuposto extrínseco de admissibilidade recursal. Disto extrai-se que a admissão de qualquer recurso está subordinada à observância pelo recorrente dos prazos em lei fixados.

Superado o prazo estabelecido pelo ordenamento, sobre a questão decidida opera-se a preclusão (temporal). De tal sorte, eventual recurso que venha a ser interposto com o intuito de rediscuti-la não poderá ser conhecido, porquanto intempestivo.

O recurso de agravo, de ordinário, deve ser interposto no prazo de 10 (dez) dias, consoante estabelece o art. 522. Exceção é o agravo retido que impugna decisões proferidas em audiência, que deve ser interposto necessariamente de forma oral e imediatamente.

O pedido de reconsideração da decisão endereçado ao decisor, habitual na praxe forense, não tem o condão de interromper ou mesmo suspender o prazo recursal, porquanto de recurso não se trata. Assim, o prazo para a interposição do agravo há de ser contado da decisão que de fato causou o gravame à parte, e não da que indeferiu o pedido de reconsideração e manteve a decisão anteriormente proferida. Entendimento contrário redundaria em admitir que a parte ao seu alvedrio dilatasse o prazo recursal, que é peremptório e não admite ampliação nem convenção das partes a respeito.

7.4.2. No que tange à regularidade formal, o Código exige seja o agravo de instrumento interposto por petição dirigida diretamente ao tribunal competente (art. 524), que conterá: "I - a exposição do fato e do direito; II – as razões do pedido de reforma da decisão; III – o nome e o endereço completo dos advogados, constantes no processo". Deverá a petição, ainda, se fazer acompanhar das peças chamadas obrigatórias, referidas no inciso I do art. 525. São elas: cópias da decisão agravada, da certidão da respectiva intimação e das procurações outorgadas aos advogados do agravante e do agravado.

Vale ressaltar que se reputam válidos, consoante dispõe o art. 154, os atos processuais realizados de outro modo, desde que cumpram a sua finalidade essencial.

Assim, desnecessária a certidão de intimação da decisão recorrida, quando evidente a tempestividade do recurso. Da mesma forma, dispensável a indicação dos nomes e dos endereços dos advogados, quando da interposição do agravo de instrumento, se nas cópias das procurações juntadas se podem claramente verificar tais registros.

Além das peças obrigatórias especificadas no inciso I do art. 525, o agravo de instrumento deve ser instruído com as peças necessárias ao exato conhecimento das questões discutidas. Tal exigência não se encontra na lei, mas nem é preciso. Evidentemente as partes sempre devem propiciar ao juízo a correta compreensão da controvérsia.

A omissão do agravante quanto à juntada destas peças acarretará a negativa de seguimento do recurso, não sendo possível a conversão do julgamento em diligência para que tais peças sejam providenciadas, nem mesmo a apresentação pelo próprio agravante posteriormente ou juntamente com a interposição do agravo interno, porquanto já consubstanciada a preclusão consumativa.

Não há necessidade de que as peças juntadas no instrumento sejam autenticadas. Na lei processual não se encontra norma expressa estabelecendo a obrigatoriedade de autenticação das cópias que irão instruir o agravo de instrumento. A fiscalização da autenticidade das peças, desta forma, é ônus da parte agravada, que deverá comunicar ao juízo se verificar qualquer indício de falsidade.

A demonstração, no juízo *ad quem*, no sentido de que o ônus do art. 526 não foi cumprido, não é ônus do agravante e não pode ser analisada pelo Tribunal (nem por óbvio pelo relator) como requisito de admissibilidade do recurso. Por conseqüência, não se tratando de pressuposto de admissibilidade do recurso, não pode o tribunal, *ex officio*, deixar de conhecer do recurso quando verificar que houve descumprimento do art. 526, nem mesmo quando isso for informado pelo magistrado *a quo*. Aliás, o texto do parágrafo único do indigitado deixa isso claro, exigindo, expressamente, para que o recurso não seja admitido, que a omissão do agravante seja argüida e provada pelo agravado.

7.4.3. O preparo, consoante estabelece o art. 511, há de ser comprovado no ato de interposição do recurso, sob pena de ser ele considerado deserto e, por conseguinte, não-conhecido. Tal exigência veio com a alteração trazida pela Lei 8.950/94 ao *caput* do art. 511.

O CPC, em seu art. 525, § 1°, prevê expressamente a exigência de preparo para a interposição do recurso de agravo de instrumento. Mesma previsão, contudo, não há para os agravos retido e interno.

No que tange ao agravo retido, há expressa dispensa do preparo pelo parágrafo único do art. 522. Quanto ao agravo interno, há silêncio da lei no que concerne ao preparo, de sorte que podem os regimentos de custas estabelecê-lo, sem, contudo, impingir a pena de deserção, porquanto esta, por tratar-se de matéria de direito processual, é de competência legislativa exclusiva da União, consoante define o art. 22, I, da CRFB.

São dispensados de preparo os recursos interpostos pelo Ministério Público, pela União, pelos Estados e Municípios e respectivas autarquias, e pelos que gozam de isenção legal. Não se exige preparo, outrossim, dos beneficiários da assistência judiciária gratuita, consoante determinam os arts. 3º, II, e 9º, da Lei 1.060, de 5.2.1950.

Não há razão para se excetuar a regra do preparo simultâneo na hipótese de não-coincidência entre expedientes bancário e forense. Isto porque há possibilidade de efetuar o preparo durante todo o curso do prazo recursal, ou seja, a qualquer tempo após a publicação da decisão, devendo apenas haver a comprovação simultaneamente ao ingresso do recurso. Não há, desta forma, encurtamento do prazo recursal, que permanece tendo como limite o encerramento do expediente forense do último dia de sua fluência.

Na hipótese de insuficiência do preparo efetuado, a deserção não será desde logo decretada. Cabe ao órgão judicial determinar a intimação do recorrente para complementá-lo em cinco dias, consoante estabelece o § 2º do art. 511. Esgotado o prazo sem que tenha sido atendida a determinação, ou havido o preparo por ainda insatisfatório, apesar do reforço, daí, sim, há de ser decretada a deserção, a requerimento da outra parte ou de ofício.

8. O agravo retido, que vem previsto nos arts. 522 e seguintes, é o recurso adequado para impugnar as decisões interlocutórias, salvo se o ato judicial for apto a causar à parte lesão grave e de difícil reparação ou nas hipóteses de inadmissão da apelação ou efeitos em que é recebida, quando então, conforme o art. 522 com a redação dada pela Lei 11.187/05, será admissível o agravo de instrumento.

O agravo retido tem como principal papel evitar a preclusão das decisões interlocutórias. Com a interposição do agravo retido, destarte, evita-se que a questão reste definitivamente decidida, possibilitando-se que seja novamente ventilada por ocasião do julgamento de eventual apelação.

Não se presta este recurso para atacar as questões urgentes, porquanto só será examinado quando houver (e se houver) o julgamento do apelo.

Inadequado, outrossim, o agravo retido para impugnar as decisões proferidas no processo de execução. Primeiro, em razão de que, no mais das vezes, as decisões proferidas serão capazes de produzir dano imediato e real à parte. Depois, porque, embora não se possa negar a existência de sentença no processo de execução, desta dificilmente apela-se, mormente na hipótese de satisfação do crédito com exaurimento dos atos executórios (CPC, art. 794, I), de forma que não subsistirá interesse em se recorrer sob a forma retida.

O mesmo se pode dizer em relação às resoluções pronunciadas em incidentes processuais. É que estes são decididos por decisões interlocutórias não impugnáveis por meio de apelação, de tal sorte que não haverá oportunidade para o exame do agravo retido.

8.1. Conforme a atual redação do § 3º do art. 523, dada pela Lei 11.187/04, das decisões interlocutórias proferidas em audiência de instrução e julgamento, caberá agravo na forma retida, devendo ser interposto oral e imediatamente, bem como constar no respectivo termo (art. 457), nele expostas sucintamente as razões do agravante.

Ao revés do que ocorria na vigência do texto anterior, não conta mais o agravante, nas hipóteses em que a decisão é proferida na audiência, com a possibilidade de interpor o agravo na forma escrita, ainda que retido, nos 10 dias subseqüentes a sua realização.

A ausência de interposição imediata do recurso, como determinado pela lei, determina a preclusão da decisão, não sendo mais permitido, à parte, manifestar impugnação.

A exceção que se deve fazer, refere-se àquelas decisões que, não obstante proferidas na audiência de instrução e julgamento, sejam suscetíveis de causar à parte lesão grave e de difícil reparação e requeiram imediato reexame. Nestes casos, o agravo de instrumento há de ser admitido, já que o agravo retido não teria qualquer utilidade, porquanto a situação exige pronto reparo, sob pena até de perecimento do direito. Nada impede, por exemplo, que em audiência de instrução e julgamento, o magistrado defira ou indefira uma antecipação de tutela.

8.2. O § 3º do art. 523 limitou-se a tornar obrigatória a interposição do agravo retido oral quando se tratar de decisão proferida na audiência de instrução e julgamento, deixando de fora as que sejam prolatadas na audiência preliminar (art. 331).

A lei, neste caso, disse menos do que pretendia, pois não há razão para tratamento diferenciado entre as decisões proferidas nas audiências preliminar e de instrução e julgamento.

Todavia, tratando-se de norma restritiva a que determina a interposição do agravo na forma retida e oral, descabido pretender-lhe dar interpretação extensiva ou ampliativa com o intuito de fazê-la incidir também para as decisões proferidas na audiência preliminar.

Assim, as decisões proferidas na audiência preliminar podem tanto ser impugnadas por meio do agravo de instrumento como do agravo retido, sendo que, ao optar o recorrente por esta última forma de interposição, poderá fazê-lo oralmente ou por escrito.

9. O agravo de instrumento, conforme se extrai da leitura do art. 522, com a redação dada pela Lei 11.187/05, é o recurso idôneo para impugnar as decisões proferidas no curso do processo, em primeiro grau de jurisdição, chamadas interlocutórias, capazes de ocasionar, à parte, lesão grave e de difícil reparação ou nas hipóteses de inadmissão da apelação ou efeitos em que é recebida. *A contrario sensu*, é incabível o agravo de instrumento contra pronunciamentos do juiz que não tenham aptidão de causar à parte dano grave, de difícil reparação. Nestas hipóteses adequada a interposição do agravo retido.

9.1. A interposição de agravo de instrumento fora das hipóteses que recomendem urgência não dará ensejo a sua inadmissibilidade, mas, sim, a determinação de conversão para o regime do agravo retido. Isto resta claro no inciso II do art. 527, com a redação dada pela Lei 11.187/05, que dispõe que o relator "converterá o agravo de instrumento em agravo retido, salvo quando se tratar de decisão suscetível de causar à parte lesão grave e de difícil reparação, bem como nos casos de inadmissão da apelação e nos relativos aos efeitos em que a apelação é recebida, mandando remeter os autos ao juiz da causa".

9.2. A decisão que determina a conversão do agravo de instrumento em agravo retido é irrecorrível. O agravo de que trata o § 1º do art. 557 – chamado de agravo interno – se presta apenas para impugnar a decisão do relator que negar seguimento ou der provimento de plano a recurso. De outro lado, os agravos regimentais só são admissíveis quando previstos na lei ordinária, ou lei de igual ou maior hierarquia. Isto porque, ao regimento interno não cabe criar recurso, já que a competência para legislar sobre direito processual é conferida pelo art. 22, I, da CRFB ao Poder Legislativo da União.

O argumento de que o agravo regimental não seria propriamente um recurso, mas apenas um meio de integrar a vontade do colegiado que o relator representa por delegação, não se coaduna com a compreensão que se tem atualmente de "tribunal", bem como das competências do relator.

O art. 101, *caput*, § 4º, da LC 35/79 admite a divisão dos tribunais em órgãos fracionários como câmaras, turmas e seções, cada qual funcionando como tribunal distinto das demais. "Essa norma deita por terra a tese da unidade do Tribunal. Ele é apenas uno nas suas frações e a menor delas, em alguns casos, particularmente na hipótese do art. 558, chama-se 'relator'".

Assim, o relator, ao julgar singularmente recursos (art. 557), atribuir-lhes efeito suspensivo (art. 558) ou determinar a conversão de regime, é o próprio tribunal, e não apenas delegado deste.

Ademais, o parágrafo único do art. 527, com a redação dada pela Lei 11.187/05, deixou claro tratar-se de decisão que não admite recurso a que determina a conversão do agravo de instrumento em agravo retido.

9.4. Figura-se inevitável admitir a possibilidade de impetração do mandado de segurança em situações teratológicas. Justifica-se e mantém harmonia com o sistema a impetração do mandado de segurança contra ato do relator quando a lei ordinária não contém medida eficaz para resguardar o direito da parte. O mandado de segurança é um meio de não deixar situação alguma sem solução.

10. O agravo de instrumento, em princípio, pelo que se extrai da leitura do art. 497, contém apenas o efeito devolutivo, que é aquele

que, simplesmente, determina que a matéria seja novamente submetida ao Poder Judiciário. A sua interposição, de tal sorte, não impede que a decisão interlocutória agravada continue plenamente eficaz, exigindo imediato cumprimento de suas estipulações.

10.1. Contudo, consoante o art. 558, tem poderes o relator para atribuir, também, o efeito suspensivo ao agravo em casos dos quais possa resultar lesão grave e de difícil reparação, tais como os de prisão civil, adjudicação, remição de bens, levantamento de dinheiro sem caução idônea, desde que relevante à fundamentação.

Tem poderes o relator, também, consoante o inciso III do art. 527, para deferir a antecipação de tutela no tocante ao objeto do recurso, atribuindo o chamado efeito suspensivo ativo.

10.2. Quando presentes os pressupostos autorizadores da atribuição do efeito suspensivo, deve o relator deferi-lo. Ou seja, sendo relevante a fundamentação e reconhecendo o relator que do cumprimento da decisão agravada possa resultar lesão grave e difícil reparação ao agravante, não lhe resta alternativa senão atribuir ao agravo de instrumento o efeito suspensivo. Tem o agravante, de tal sorte, direito subjetivo à suspensão, não ficando esta inteiramente confiada ao arbítrio do relator.

10.3. A decisão que defere ou indefere o pedido de efeito suspensivo não é passível de impugnação via recursal. O agravo de que trata o § 1º do art. 557 – chamado de agravo interno – se presta apenas para impugnar a decisão do relator que negar seguimento ou der provimento de plano a recurso. De outro lado, os agravos regimentais só são admissíveis quando previstos na lei ordinária, ou lei de igual ou maior hierarquia. Isto porque ao regimento interno não cabe criar recurso, já que a competência para legislar sobre direito processual é conferida pelo art. 22, I, da CRFB ao Poder Legislativo da União.

O argumento de que o agravo regimental não seria propriamente um recurso, mas apenas um meio de integrar a vontade do colegiado que o relator representa por delegação, não se coaduna com a compreensão que se tem atualmente de "tribunal", bem como das competências do relator.

O art. 101, *caput*, § 4º, da LC 35/79 admite a divisão dos tribunais em órgãos fracionários como câmaras, turmas e seções, cada qual funcionando como tribunal distinto das demais. "Essa norma deita por terra a tese da unidade do Tribunal. Ele é apenas uno nas suas frações e a menor delas, em alguns casos, particularmente na hipótese do art. 558, chama-se 'relator'".

Assim, o relator, ao julgar singularmente recursos (art. 557), atribuir-lhes efeito suspensivo (art. 558) ou determinar a conversão de regime é o próprio tribunal, e não apenas delegado deste.

Ademais, o parágrafo único do art. 527, com a redação dada pela Lei 11.187/05, deixou claro tratar-se de decisão que não admite recurso a que determina a conversão do agravo de instrumento em agravo retido.

10.4. Figura-se inevitável admitir a possibilidade de impetração do mandado de segurança em situações teratológicas. Justifica-se e mantém harmonia com o sistema a impetração do mandado de segurança contra ato do relator quando a lei ordinária não contém medida eficaz para resguardar o direito da parte. O mandado de segurança é um meio de não deixar situação alguma sem solução.

11. Com o advento da Lei 9.756/98, que deu nova redação ao art. 557 e incluiu os seus §§ 1º-A, 1º e 2º, o relator do recurso no tribunal passou a ter poder de negar-lhe seguimento, bem como de prover-lhe de plano. Consoante preceitua o *caput* deste artigo, deverá o relator negar seguimento a recurso "manifestamente inadmissível, improcedente, prejudicado ou em confronto com súmula ou com jurisprudência dominante do respectivo tribunal, do Supremo Tribunal Federal, ou de Tribunal Superior". O provimento de plano, por sua vez, se dará quando verificar o relator que está, a decisão recorrida, em manifesto confronto com súmula ou com jurisprudência dominante do Supremo Tribunal Federal, ou de Tribunal Superior.

11.1. É verdade que a modificação imposta por estes dispositivos excetuou a característica de pronunciamentos colegiados dos tribunais (art. 555), ampliando as funções e poderes do relator, que passou a ter competência para julgar singularmente, enquanto antes lhe cabia apenas preparar o julgamento, do qual participaria, com seu voto, na ocasião própria.

Tais disposições, contudo, nada têm de inconstitucionais. O art. 101, *caput*, § 4º, da LC 35/79 admite a divisão dos tribunais em órgãos fracionários como câmaras, turmas e seções, cada qual funcionando como tribunal distinto das demais. Dentre tais órgãos fracionários pode-se incluir o relator. Ademais, o § 1º do art. 557 prevê a possibilidade de recurso ao órgão colegiado do qual faz parte o relator, esvaziando qualquer alegação de inconstitucionalidade que se baseasse em afronta ao princípio do juiz natural, já que, inegavelmente, não será extraída, daquele que sentir injustiçado, a possibilidade de levar o caso à sessão de julgamento na qual se farão presentes os outros membros da câmara ou turma.

11.2. No que tange à hipótese de negativa de seguimento em razão de o recurso se mostrar "em confronto com súmula ou com jurisprudência dominante do respectivo tribunal, do Supremo Tribunal Federal, ou de Tribunal Superior", por muito tempo afirmou-se que, embora a lei sugira imperatividade, não está o relator obrigado a adotar o entendimento defendido majoritariamente no Tribunal em que atua ou em tribunais superiores e nem mesmo o exprimido por súmula, já que estas não detinham efeito vinculante para os demais juizes.

Ocorre que após a EC 45/2004, o nosso ordenamento passou a admitir a existência de súmulas vinculantes, de tal sorte que o entendimento anteriormente defendido pela doutrina há que ser lido com ressalvas: quando se tratar de súmula editada sem as formalidades exigidas para a súmula vinculante, permanecerá válida a lição da doutrina anterior. De outra sorte, tratando-se de súmula que ganhe os *status* de vinculante, a sua adoção passa a obrigar a todos os julgadores.

11.3. Por outro lado, no que tange à súmula impeditiva de recursos, criada pela Lei 11.276/2006, como foi reservada apenas ao recurso de apelação (art. 518, § 1º), em nada alterará a interpretação do indigitado artigo.

11.4. Nova leitura há que fazer, também, do § 1º A do art. 557, que autoriza o provimento de plano de recurso interposto contra decisão em manifesto confronto com súmula do STF ou de Tribunal Superior.

A decisão do magistrado *a quo* que contrariar Súmula Vinculante é passível de impugnação por Reclamação endereçada diretamente ao STF (CRFB, art. 103-A, § 3º), e não por agravo de instrumento. De tal forma não poderá o relator dar provimento de plano ao recurso; deverá, sim, negar-lhe seguimento por manifestamente inadmissível.

12. O agravo interno, previsto no § 1º do art. 557, é o recurso cabível para impugnar a decisão monocrática proferida pelo Relator que, em consonância com o *caput* e com o § 1º-A do art. 557, nega seguimento ou dá provimento de plano ao recurso. De outro lado, não é o agravo interno, conforme se verifica pela sua previsão legal, meio adequado para impugnar a decisão que determina a conversão do agravo de instrumento em agravo retido e nem para combater a decisão que defere ou indefere o pedido de atribuição de efeito suspensivo ao agravo de instrumento.

12.1. Não obstante o art. 557 aplicar-se a qualquer recurso, não parece adequada a sua utilização em relação ao agravo interno, porquanto configuraria flagrante cerceamento de defesa, ferindo o princípio constitucional do contraditório e da ampla defesa. Assim, descabido ao relator negar seguimento ao agravo interno, ainda que verifique, por exemplo, ausência de um pressuposto de admissibilidade. Adequado, nestes casos, levar o recurso para que o órgão colegiado o examine e, se for o caso, não o conheça.

12.2. O que deverá ser examinado pelo órgão colegiado no julgamento do agravo interno é o acerto, ou não, na utilização do art. 557 pelo relator; ou seja, caberá a turma ou câmara verificar se de fato era hipótese de negativa de seguimento ou de provimento de plano. Nada justifica o vezo de alguns tribunais de julgar imediatamente o próprio recurso que teve julgamento monocrático. Este mau hábito tem potencial a causar sérios prejuízos às partes, em virtude do cerceamento de defesa que representa; isto porque o julgamento do agravo interno não é precedido de contraditório, independe de pauta, dispensa revisão e não admite a sustentação oral, diferenciando-se, no mais das vezes, do recurso que traz a questão de fundo e que estaria sendo julgado à sombra do agravo interno.

Referências

ALLA, Valentina Jungmann Cintra. *O recurso de agravo e a Lei 9.139, de 30.11.1995.* São Paulo: Revista dos Tribunais, 1998.
ALMEIDA, José Antônio. *Agravo interno e ampliação dos poderes do relator:* aspectos polêmicos e atuais dos recursos e outros meios de impugnação às decisões judiciais. São Paulo: Revista dos Tribunais, 2003. v. 7.
ALVIM, Eduardo Arruda; MARTINS, Cristiano Zanin. *Apontamentos sobre o sistema recursal vigente:* aspectos polêmicos e atuais dos recursos e outros meios de impugnação às decisões judiciais. São Paulo: Revista dos Tribunais, 2002.
ALVIM, J.E. Carreira. *Novo agravo.* 5. ed. Rio de Janeiro: Forense, 2003a
———. *Agravo no tribunal e réu não-citado.* aspectos polêmicos e atuais dos recursos cíveis e outros meios de impugnação às decisões judiciais. São Paulo: Revista dos Tribunais, 2003b. v. 7.
AMARAL, Guilherme Rizzo. *O agravo de instrumento na Lei 11.187/05 e as recentes decisões do Tribunal de Justiça do Estado do Rio Grande do Sul:* um alerta necessário. [S.l.: s.n, 200-]. Disponível em: <http://www.tex.pro.br>. Acesso em: 7 abr. 2006.
ARAGÃO, Egas Dirceu Moniz de. Do agravo regimental. *Revista dos Tribunais*, São Paulo, v. 315, p. 130, 1962..
ARENHART, Sérgio Cruz. A nova postura do relator no julgamento dos recursos. *RePro*, São Paulo, n. 103, p. 37-58, 2001.
ARRUDA ALVIM. *Notas sobre algumas mutações verificadas com a Lei 10.352/2001:* aspectos polêmicos e atuais dos recursos e outros meios de impugnação às decisões judiciais. São Paulo: Revista dos Tribunais, 2002.
ASSIS, Araken de. Observações sobre o agravo no processo de execução. *Revista AJURIS*, Porto Alegre, n. 66, p. 149-159, 1996.
———. *Condições de admissibilidade dos recursos cíveis.* aspectos polêmicos e atuais dos recursos de acordo com a Lei 9.756/98. São Paulo: Revista dos Tribunais, 1999.
———. *Doutrina e prática do processo civil contemporâneo.* São Paulo: RT, 2001.
———. *Introdução aos sucedâneos recursais:* aspectos polêmicos e atuais dos recursos e outros meios de impugnação às decisões judiciais. São Paulo: Revista dos Tribunais, 2002.
———. *Cumprimento da sentença.* Rio de Janeiro: Forense, 2006a.
———. Regime vigente do agravo retido. *Revista do Advogado*, São Paulo, n. 85, p. 112-123, maio 2006b.
AZEVEDO, Luiz Carlos de. *Origem e introdução da apelação no direito lusitano.* São Paulo: Fieo, 1976.
BERMUDES, Sérgio. *A reforma do código de processo civil.* 2. ed. São Paulo: Saraiva, 1996.
BIONDO BIONDI. *Studi in onore di P. Bonfante.* Milano: Giuffrè, 1964. v. 4 .

BÜLLOW, Oskar von. *Excepciones procesales y presupuestos procelales*. Buenos Aires: EJEA, 1964.

BUZAID, Alfredo. *Do agravo de petição no sistema do código de processo civil*. 2. ed. São Paulo: Saraiva, 1956.

——. *Anteprojeto de código de processo civil*. Rio de Janeiro: [s.n.], 1964.

CAMBI, Accácio. *Aspectos polêmicos na aplicação do art. 557 do CPC:* aspectos polêmicos e atuais dos recursos e outros meios de impugnação às decisões judiciais. São Paulo: Revista dos Tribunais, 2003. v. 7.

CARNEIRO, Athos Gusmão. *O novo recurso de agravo e outros estudos*. 4. ed. Rio de Janeiro, Forense: 1998.

——. *Poderes do relator e agravo interno: arts. 557, 544 e 545 do CPC: Revista Síntese de Direito Civil e Processual Civil*, Porto Alegre, n. 6,:p. 14, jul./ago. 2000.

——. *Do recurso de agravo ante a Lei 11.187/2005. Revista Dialética de Direito Processual*, São Paulo, n. 35, p. 9-18, 2006.

CARPENA, Márcio Louzada. *Do processo cautelar moderno*. 2ª ed., Rio de Janeiro, Forense: 2004.

CARVALHO, Fabiano. *A conversão do agravo de instrumento em agravo retido na reforma do código de processo civil*. [S.l.: s.n, 200-]. Disponível em: <http://www.jus2.uol.com.br>. Acesso em: 25 out. 2005.

CHIOVENDA, Giuseppe. *Ensayos de derecho procesal civil*. Buenos Aires: EJEA, 1949.

——. *Instituições de direito processual civil*. 2. ed. São Paulo: Saraiva, 1965. v. 3.

COSTA, Moacyr Lobo da. *Breve notícia histórica do direito processual civil brasileiro e de sua literatura*. São Paulo: Revista dos Tribunais, 1970.

——. *O agravo no direito lusitano. Revista da Ajuris*. Porto Alegre, v. 31, p. 157-180, 1984.

——. *Origem do agravo no auto do processo. Revista de Processo – RePro*, São Paulo, v. 5, p. 89-100, 1997.

COUTURE. Eduardo J. *Fundamentos del derecho procesal civil*. 4. ed. Montevideo, Buenos Aires: Ed. B de F, 2004.

CUENCA, Humberto. *Proceso civil romano*. Buenos Aires: Jurídicas Europa-América, 1957.

DE PLÁCIDO E SILVA, *Vocabulário jurídico*. Ed. eletrônica. São Paulo: Forense, 1999.

DIDIER JÚNIOR, Fredie. *Primeiras impressões sobre o par. ún., art. 526, CPC:* aspectos polêmicos e atuais dos recursos e outros meios de impugnação às decisões judiciais. São Paulo: Revista dos Tribunais, 2002a.

——. *Recurso de terceiro*. São Paulo: Revista dos Tribunais, 2002b.

DINAMARCO, Cândido Rangel. *A reforma do código de processo civil*. 3. ed. São Paulo: Malheiros, 1996.

——. *A reforma da reforma*. São Paulo: Malheiros, 2002.

——. *Instituições de direito processual civil*. São Paulo: Malheiros, 2001. v. 1.

——. *Instituições de direito processual civil*. 3. ed. São Paulo: Malheiros, 2003. v. 1.

FADEL, Sérgio Sahione. *As alterações do CPC relativas a recursos:* a reforma do CPC. São Paulo: Saraiva, 1996.

FERREIRA FILHO, Manuel Caetano. *Comentários ao código de processo civil*. São Paulo: RT, 2001. v. 7.

——. *Considerações sobre a Lei 11.187, de 19.10.05, que altera a disciplina do agravo de instrumento*: aspectos polêmicos e atuais dos recursos cíveis. São Paulo: Revista dos Tribunais, 2006. v. 10.

FRANCO, Fábio Luis. *Algumas considerações acerca do recurso do agravo pós reforma da reforma*. São Paulo: Revista dos Tribunais, 2003.
FRANZÉ, Luís Henrique Barbante. *O agravo frente aos pronunciamentos de primeiro grau no processo civil*. Curitiba: Juruá, 2002.
──. *O agravo frente aos pronunciamentos de primeiro grau no processo civil*. 4. ed. Curitiba: Juruá, 2006. .
FREIRE, Rodrigo Cunha Lima. *Notas sobre os recursos no processo de execução*: aspectos polêmicos e atuais dos recursos e outros meios de impugnação às decisões judiciais. São Paulo: Revista dos Tribunais, 2002.
FROCHAM, Manuel Ibañez. *Tratado de los recursos en el processo civil*. 4. ed. Buenos Aires: La Ley, 1969.
GARSONNET, E.; BRU, Ch. Cézar. *Traité théorique et pratique de procedure civile et commerciale*. 3. ed. Paris: Récuell Sirey, 1915. v. 6.
GIORGIS, José Carlos Teixeira. *Notas sobre o agravo*: de acordo com as Leis ns. 9.139, de 20.11.95, e 9.245, de 26.12.95. Porto Alegre: Livraria do Advogado, 1996.
GOMES JUNIOR, Luiz Manoel. Novo regime do agravo de instrumento (Lei Federal n. 11.187, de 19.10.2005). *Repertório de Jurisprudência IOB*, São Paulo, n. 22, p. 680-675, 2. quinzena, nov. 2005.
GRECO FILHO, Vicente. *Direito processual civil brasileiro*. 13. ed. São Paulo: Saraiva, 1999. v. 2.
GUASP, Jaime; ARAGONES, Pedro. *Derecho procesal civil*. 6. ed. Navarra: Thomson Civitas, 2004. v. 7.
JORGE, Flávio Cheim. *Apelação cível:* teoria geral e admissibilidade. São Paulo: Revista dos Tribunais, 1999.
──. A nova disciplina do recurso de agravo: Lei n. 11.187, de 19/10/2005. *Revista do Advogado*, São Paulo, n. 85, p. 131-148, 2006.
──; RODRIGUES, Marcelo Abelha. *Juízo de admissibilidade e juízo de mérito dos recursos:* aspectos polêmicos e atuais dos recursos de acordo com a Lei 10.352/2001. São Paulo: Revista dos Tribunais, 2002. v. 5.
JUNOY, Joan Pico I. *Esquemas del nuevo proceso civil*. Madrid: La Ley, 2001.
LEONARDO, Rodrigo Xavier. *O recurso de agravo e a nova reforma do código de processo civil:* a segunda etapa da reforma processual civil. São Paulo: Malheiros, 2001.
LIEBMAN, Enrico T. *Eficácia e autoridade da sentença*. 2. ed. Rio de Janeiro: Forense, 1981.
LIMA, Alcides de Mendonça. *Introdução aos recursos cíveis*. São Paulo: RT, 1976.
LUCON, Paulo Henrique dos Santos. O novo regime do agravo (Lei n° 11.187/2005). *Revista do Advogado*, São Paulo, n. 85, p. 15-175, maio 2006.
MACEDO, Elaine Harzheim. Cláusula de lesão grave e de difícil reparação no agravo de instrumento. *Revista da AJURIS*, Porto Alegre, n. 101, p. 97-110, 2006.
MACHADO SEGUNDO, Hugo de Brito; MACHADO, Raquel Cavalcanti Ramos. Recurso interposto antes de publicada a decisão recorrida: tempestividade. *Revista Dialética de Direito Processual*, São Paulo, n. 7, p. 9-18, out. 2003.
MANDRIOLI, Crisanto. *Corso di diritto processuale civile*. 7. ed. Torino: Giappichelli, 1989.
MARTINS, Francisco Peçanha. A reforma do art. 557 do CPC: inconstitucionalidade e ilegalidade. *Revista do Instituto dos Advogados de São Paulo*, São Paulo, v. 5, p. 53-56, jan./jun. 2000.
──. Proposta para nova sistemática para recursos. *Revista do CEJ – Centro de Estudos Judiciários*, Brasília, v. 13, p. 20-30, 2001.

MAXIMILIANO, Carlos. *Hermenêutica e aplicação do direito*. 9. ed. Rio de Janeiro: Forense, 1984.
MEDINA, José Miguel Garcia. *Juízo de admissibilidade e juízo de mérito dos recursos na nova sistemática recursal e sua compreensão jurisprudencial, de acordo com as Leis 9.756/98 e 9.800/99:* aspectos polêmicos e atuais dos recursos de acordo com a Lei 9.756/98. São Paulo: Revista dos Tribunais, 2000.
──. *A recentíssima reforma do sistema recursal brasileiro:* aspectos polêmicos e atuais dos recursos e outros meios de impugnação às decisões judiciais. São Paulo: Revista dos Tribunais, 2002.
MENDES, Armindo Ribeiro. *Recursos em processo civil*. Lisboa: Lex, 1992.
MENEGALE, J. Guimarães. *Instituições de direito processual civil*. 2. ed. São Paulo: Saraiva, 1965. v. 3.
MERÊA, Paulo. *Lições de história do direito português*. Coimbra, [s.n.], 1933.
MIRANDA, Francisco Cavalcanti Pontes de. *Comentários ao código de processo civil*. Rio de Janeiro: Forense, 1975. t. 7.
MONTEIRO, João Baptista. O conceito de decisão. *RePro*, São Paulo, n. 23: p. 61-83, 1981.
MOREIRA, José Carlos Barbosa. *Regras de experiência e conceitos jurídicos indeterminados:* temas de direito processual. 2. ed. São Paulo: Saraiva, 1988.
──. *Comentários ao código de processo civil*. 8. ed. Rio de Janeiro: Forense, 1999a. v. 5.
──. *Algumas inovações da Lei 9.756/98 em matéria de recursos cíveis:* aspectos polêmicos e atuais dos recursos de acordo com a Lei 9.756/98. São Paulo: Revista dos Tribunais, 1999b.
──. *O novo processo civil brasileiro*. 21. ed. Rio de Janeiro: Forense, 2000.
──. Restrições ilegítimas ao conhecimento dos recursos. *Revista AJURIS*, Porto Alegre, v. 32, n. 100, p. 187-199, 2005.
MOREL, René. *Traité élementaire de procédure civile*. 2. ed. Paris: Recueil Sirey, 1949.
NASCIMENTO, Bruno Dantas do. *Inovações na regência do recurso do agravo:* aspectos polêmicos e atuais dos recursos cíveis. São Paulo: RT, 2006. v. 9.
NEGRÃO, Theotonio. *Código de processo civil e legislação processual em vigor*. 30. ed. São Paulo: Saraiva, 1999.
──. *Código de processo civil e legislação processual em vigor*. 35. ed. São Paulo: Saraiva, 2003.
NERY JUNIOR, Nelson. *Atualidades sobre o processo civil, a reforma do código de processo civil brasileiro de 1994*. 2. ed. São Paulo: RT, 1996.
──. *Princípios fundamentais: teoria geral dos recursos*. 5. ed. São Paulo: Revista dos Tribunais, 2000.
──; NERY, Rosa Maria Andrade. *Código de processo civil e legislação processual civil extravagante em vigor*. 4. ed. São Paulo: Revista dos Tribunais, 1999.
NEVES, Daniel Amorim Assumpção. Recentes alterações do agravo retido – obrigatoriedade de sua interposição de forma oral de decisões interlocutórias proferidas em audiência de instrução e julgamento. *Revista Dialética*, São Paulo, n. 34, p. 18-30, 2006.
NORONHA, Carlos Silveira. *Do agravo de instrumento*. Rio de Janeiro: Forense, 1976.
──. O agravo na história do processo português como gravame e como recurso. *Revista de Processo – RePro*, São Paulo, n. 78, p. 64-84, 1995.
PALLARES, Eduardo. *Derecho procesal civil*. 10. ed. México: Porrua, 1983.
PARÁ FILHO, Tomás. A recorribilidade das decisões interlocutórias no código de processo civil, *RePro*, São Paulo, n. 5, p. 15-42, 1974.

PAVAN, Dorival Renato. *Teoria geral dos recursos cíveis*. São Paulo: Juarez de Oliveira, 2004.
PEÑA, Eduardo Chemale Selistre. *Breve Contribuição à reforma do judiciário:* a inclusão do requisito da relevância para a redução do volume de processos no Supremo Tribunal Federal e no Superior Tribunal de Justiça: a reforma do poder judiciário. São Paulo: Quartier Latin, 2006.
———. *O Princípio do juiz natural*. [S.l.: s.n, 200-]. Disponível em: <http\\www.tex.pro.com.br>. Acesso em: 1 maio 2006.
RAGONE, Alvaro J. D. Pérez. El nuevo proceso civil alemán: principios y modificaciones al sistema recursivo. *GENESIS – Revista de Direito Processual Civil*, Curitiba, n. 32, p. 357-384, abr./jun. 2004.
ROENICK, Hermann H. de Carvalho. *Recursos no CPC*. Rio de Janeiro: AIDE, 2001.
ROSEMBERG, Leo. *Tratado de derecho procesal civil*. Buenos Aires, EJEA, 1955. t. 2.
ROCCO, Ugo. *Trattado di diritto processuale civile*. Torino: Torinense, 1956. v. 3.
ROSSI, Júlio César. O novo recurso de agravo: primeiras reflexões sobre a Lei 11.187, de 19 de outubro de 2005. *Revista Dialética de Direito Processual*, São Paulo, n. 35, p. 63-67, 2006.
SALLES, José Carlos de Moraes. *Recurso de agravo*. 2. ed. São Paulo: Revista dos Tribunais, 1999.
SANTOS, Moacyr Amaral. *Primeiras linhas de direito processual civil*. 16. ed. São Paulo: Saraiva, 1997. v. 3.
SCHÖNKE, Adolfo. *Derecho procesal civil*. Barcelona: Bosch Casa Editorial, 1950.
SCHWIND, Rafael Wallbach. O novo perfil do agravo com as alterações introduzidas pela LF – 11.187 de 2005. *Revista Dialética de Direito Processual*, São Paulo, n. 34, p. 114-126, 2006.
SICA, Heitor Vitor Mendonça. Segundas reflexões sobre a nova lei do agravo. *Revista do Advogado*, São Paulo, n. 85, p. 149-158, 2006.
SILVA, Jaqueline Mielke; XAVIER, José Tadeu Neves. *Reforma do processo civil:* leis 11.187, de 19.10.2005; 11.232, de 22.12.2005; 11.276 e 11.277, de 7.2.2006 e 11.280, de 16.02.2006. Porto Alegre: Verbo Jurídico, 2006.
SILVA, Ovídio Araújo Baptista da. *Curso de processo civil: processo de conhecimento*. 5. ed. São Paulo: Revista dos Tribunais, 2000. v. 1.
SILVA, Mário Teixeira da. *Recursos cíveis e os novos poderes do relator*. Curitiba: Juruá, 2004.
SLAIB FILHO, Nagib. Notas sobre o art. 557 do CPC (competência do relator de prover e de negar seguimento a recurso). **Revista Forense**, Rio de Janeiro, v. 98. n. 361, p. 95-107, maio/jun. 2002.
SPADONI, Joaquim Felipe. *O contraditório no recurso de agravo de instrumento contra decisões indeferitórias de liminares:* aspectos polêmicos e atuais dos recursos de acordo com a Lei 9.756/98, São Paulo: Revista dos Tribunais, 2000.
STAES, Olivier. *Droit judiciaire prive*. Paris: Ellipses, 2006.
TALAMINI, Eduardo. A nova disciplina do agravo e os princípios constitucionais do processo. *RePro*, São Paulo, n. 80, p. 124-146, 2002a .
———. *Decisões individualmente proferidas por integrantes dos tribunais: legitimidade e controle (agravo interno):* aspectos polêmicos e atuais dos recursos de acordo com a Lei 10.352/2001. São Paulo: Revista dos Tribunais, 2002b. v. 5
———. *O emprego do mandado de segurança e do hábeas corpus contra atos revestidos pela coisa julgada:* estudos de direito processual civil: homenagem ao professor Egas Dirceu Moniz de Aragão. São Paulo: Revista dos Tribunais, 2005.

TARIGO, Enrique E. *Lecciones de derecho procesal civil:* según el nuevo código. 3. ed. Montevideo: Fundacion de Cultura Universitaria, 2004. t. 2.

TESHEINER, José Maria Rosa. *Recurso das decisões do relator.* [S.l.: s.n, 200-a]. Disponível em: <http://www.tex.pro.br>. Acesso em: 10 nov. 2005.

──. *Julgamento pelo Relator.* [S.l.: s.n, 200-c]. Disponível em <http://tex.pro.br>. Acesso em: 10 nov. 2005.

──. *Mandado de Segurança contra ato do relator em agravo de instrumento.* [S.l.: s.n, 200-b]. Disponível em: <http://www.tex.pro.br> Acesso em: 23 jun. 2006.

THEODORO JÚNIOR, Humberto. *Inovações da Lei 10.352/200, em matéria de recursos cíveis e duplo grau de jurisdição:* aspectos polêmicos e atuais dos recursos e outros meios de impugnação às decisões judiciais. São Paulo: Revista dos Tribunais, 2002.

──. *O problema da recorribilidade das interlocutórias no processo civil brasileiro.* [S.l.: s.n, 200-]. Disponível em <http://www.americajuridica.com.br>. Acesso em: 3 abr. 2006.

TUCCI, José Rogério Cruz e. *Jurisdição e poder.* São Paulo: Saraiva, 1987.

──; AZEVEDO, Luiz Carlos de. *Lições de história do processo civil romano.* São Paulo: RT, 1996.

WAMBIER, Luiz Rodrigues; WAMBIER, Teresa Arruda Alvim; MEDINA, José Miguel Garcia. *Breves comentários à nova sistemática processual civil.* 3. ed. São Paulo: Revista dos Tribunais, 2005.

ZAVASCKI, Teori Albino. *Antecipação da tutela.* 2. ed. São Paulo: Saraiva, 1999.

WAMBIER, Teresa Arruda Alvim. Novos contornos do recurso de agravo. *Revista de Processo – RePro*, São Paulo, n. 80, p. 111-124, 1995.

──. *O novo regime do agravo.* 2. ed. São Paulo: RT, 1996a.

──. Anotações sobre o novo regime do agravo. *Revista do Advogado*, São Paulo, n. 48, p. 38-55, 1996b.

──. *Os agravos no CPC brasileiro.* 3. ed. São Paulo: Revista dos Tribunais, 2000.

──. *O destino do agravo após a sentença:* aspectos polêmicos e atuais dos recursos cíveis e outros meios de impugnação às decisões judiciais. São Paulo: Revista dos Tribunais, 2003. v. 7.

──. A nova lei do agravo. *Revista Jurídica Consulex*, São Paulo, ano 10, n. 217, p. 36-39, 31 jan. 2006.